DEFINITIVAMENTE, SIMÃO!

José Simão

Definitivamente, Simão!

(Ou de como eu dancei com o Nureyev, aplaudi o pôr do sol nas Dunas da Gal, chamei um político de Picolé de Chuchu e virei presidente do Partido da Genitália Nacional.)

Copyright © 2022 by José Simão

*Grafia atualizada segundo o Acordo Ortográfico da Língua Portuguesa de 1990,
que entrou em vigor no Brasil em 2009.*

Capa
Alceu Chiesorin Nunes

Foto de capa
Bob Wolfenson

Preparação
André Marinho

Revisão
Adriana Bairrada
Márcia Moura

Dados Internacionais de Catalogação na Publicação (CIP)
(Câmara Brasileira do Livro, SP, Brasil)

Simão, José
   Definitivamente, Simão! : (Ou de como eu dancei com o
Nureyev, aplaudi o pôr do sol nas Dunas da Gal, chamei um
político de Picolé de Chuchu e virei presidente do Partido da
Genitália Nacional.) / José Simão. — 1ª ed. — Rio de Janeiro :
Objetiva, 2022.

   ISBN 978-85-390-0730-1

   1. Jornalistas brasileiros 2. Memórias autobiográficas. I. Título.

22-107776   CDD-B869.803

Índice para catálogo sistemático:
1. Memórias : Literatura brasileira   B869.803

Eliete Marques da Silva — Bibliotecária — CRB-8/9380

[2022]
Todos os direitos desta edição reservados à
EDITORA SCHWARCZ S.A.
Praça Floriano, 19, sala 3001 — Cinelândia
20031-050 — Rio de Janeiro — RJ
Telefone: (21) 3993-7510
www.companhiadasletras.com.br
www.blogdacompanhia.com.br
facebook.com/editoraobjetiva
instagram.com/editora_objetiva
twitter.com/edobjetiva

Para Gustavo

Sumário

Abre-alas! 11

1. Descobrimento do Brasil: A invasão portuguesa 16
2. Infância: O hominho do papai! 19
3. São Paulo: Minha terra firme! 24
4. Família: Meu pai, minha mãe e meu irmão 29
5. Adolescência: Transei atrás do cemitério! 32
6. Ditadura: Medo de camburão 36
7. As dunas do barato: Anos 1970 41
8. Folias brejeiras: As Anittas dos anos 1950! 45
9. Elvira Pagã: Cassetete, não! 49
10. Virgínia Lane: Tem Bububu no Bobobó! 52
11. Luz del Fuego: A mulher das cobras 55
12. Mara Rúbia: A rainha das escadarias 58
13. Bahia: A terra que me escolheu! 61
14. Arembepe: A praia mágica da Bahia 66
15. Itapuã: Uma *love story* baiana 74
16. Rose, Neide e Ura: Três vidas bem brasileiras 78
17. A Mulher Gorila! A Mulher Serpente! E a Malévola! .. 82

18. Televisão: As novelas que vivi 85

19. Os anos do rock: Minha vida era dançar! 89

20. Aí eu entrei na *Folha*! 94

21. Políticos: A turma da tarja preta 99

22. Os marqueteiros, os truqueiros! 111

23. Impeachment do Collor: A queda do aquilo roxo! 114

24. Gustavo: O divino conteúdo 118

25. Avenida Paulista: O fetiche 122

26. Carnaval: A grande festa da gandaia nacional! 126

27. Festas juninas: Viva o milho-verde! 130

28. Viva o humor, abaixo o rancor! 133

29. Letras: A arte de escrever 137

30. Terapia: Tirar as minhocas para fora! 141

31. Religião: Ateu místico! 146

32. Egito: Eu falei faraó! 151

33. Istambul: Nós, os turcos! 159

34. Jordânia: A Bíblia viva! 165

35. Dubai: Business is Business! 171

36. Miami: O Morumbi de Cuba 175

37. Cuba: A viagem que não fiz! 178

38. Portugal: Saudades! 182

39. A Itália é hétera! 187

40. China: A multidão! 193

41. Ceará: Iracema, a virgem dos lábios de mel 199

42. A viagem, o voo e o avião 203

43. Copa de 94: Ganhamos, apesar do Parreira! 207

44. Copa de 98: A amarelada! 212

45. Copa no Brasil: A Copa do não vai ter Copa! 215

46. Peladeiros do Brasil: Na várzea não tem VAR! 218

47. A voz: BandNews FM 221

48. A dupla pipoca: Eu e Boechat 225

49. Três p: Prêmios, processos e palestras! 230

50. O arrependimento: Fundamental! 235

51. Hipocondria: Sou eu! 236

52. Televisão: Amiga amada! 241

53. Teletrash: Bagaças e podreras! 247

54. Meus gatos: Net e Flix! 251

55. Minha diarista: Adriana sendo Adriana! 255

56. O isolamento: Os ombros não relaxam! 258

57. Genocídio: Pandemia no Brasil! 261

58. WhatsApp: Não vivo sem você! 264

59. Minha vida com Alexa! 268

60. Sensacionalismo: Trailer para o próximo livro 272

61. Velhice: O inesperado! 275

Abre-alas!

Lillian Hellman disse que quem escreve é paranoico.

Gabriel García Márquez declarou que a ortografia é o terror do ser humano. Desde o berço!

Gertrude Stein escreveu que uma rosa é uma rosa é uma rosa é uma rosa!

Minha diarista escreveu: "Estou atrasada. Jonathan tem que fazer algo". Amei esse "algo"! Tão abstrato e solto no espaço.

Augusto de Campos: LÍNGUA LINGUAGEM!

Carlos Drummond de Andrade escreveu que

> no meio do caminho tinha uma pedra
> tinha uma pedra no meio do caminho
> tinha uma pedra
> no meio do caminho tinha uma pedra.

Shakespeare escreveu "to be or not to be"!

Oswald de Andrade escreveu TUPI OR NOT TUPI!

Castro Alves declamou:

Talhado para as grandezas
Pra crescer, criar, subir
O Novo Mundo nos músculos
Sente a seiva do porvir!

Clarice escreveu porque o que ela sabia fazer era escrever.
O que você sabe fazer?
ESCREVER!

Este livro foi concebido nas mesas do bistrô Ritz, na alameda
Franca. Eu marcava com o Matinas Suzuki Jr. pelo WhatsApp:
"Old Ritz?"
"Old Ritz."
"Treze horas."
"Fechado!"
Num almoço, Matinas me deu *Memórias de um homem sem
profissão*, de Oswald de Andrade.
Devorei!
Tive uma ideia: por que não contar a História do Brasil através
das minhas memórias sentimentais?
Não é um livro clássico de memórias. São memórias do co-
ração. O fio condutor é o coração. Aquele coração vermelho
pulsando da internet!
É um livro afetivo!
Este livro é a minha História do Brasil! Sou apaixonado pelo
Brasil. O Brasil me emociona. O Brasil está presente em todos
os capítulos.
Já viajei pelo mundo todo. Mas como disse aquela senhorinha
baiana: "Como a terrinha não há". Não há!
Nelson Rodrigues quando chegava em Bonsucesso já sentia
saudades do Rio.

Não é um livro homenagem ao Brasil. Mostra um Brasil desigual, um Brasil alegre, um Brasil que se conformou, um Brasil que luta, um Brasil da folia. Um Brasil que eu sinto!

Bolsonaro transformou o Brasil no pior país para se viver. Mas nem assim perdi o bom humor! Como disse aquela baiana que veio morar em São Paulo: "Eu não atravessei a caatinga pra ficar de mau humor!".

Matinas me jogou duas luzes fundamentais. Enviei o terceiro texto pra ele por e-mail. Respondeu:

"Simão, isso que dá consistência ao livro."

Entendi.

E mandei brasa!

Mudou o rumo do livro. Mudou meu rumo.

Outra luz, ele me disse:

"Coloquei seus textos no Word e não deu nem oitenta páginas. O livro não para em pé!".

Tinha que escrever um livro que parasse em pé!

Na realidade, ele sabia que eu tinha muito mais coisas para contar. E foi arrancando do fundo das minhas memórias.

Esse livro foi escrito às cinco e meia da manhã, a melhor hora para pensar. Você começa a pensar no escuro e a manhã vai clareando e você passa a pensar no claro. Pensar no escuro não é como pensar no claro. Comigo pelo menos é assim! Eu penso no escuro e escrevo no claro.

Tenho um grupo de madrugadores:

Raul Cutait "assunto do e-mail: madrugador", ele já responde: "Salve, Zé!".

Zeca Camargo se antecipa, acorda às cinco!

Matinas é madrugador. Também, com esse nome!

Astrid Fontenelle virou madrugadora. E tantos mais!

Aprendi com o poeta Augusto de Campos que as palavras são células vivas!

Minhas frases são células livres! Elas são soltas no espaço!

Cada capítulo é composto de frases!

Passo o dia pensando em frases!

O meu dia virou frases!

Eu devia ter aqueles letreiros luminosos giratórios na testa!

As frases ficariam rodando. Esse seria o livro!

Sempre digo que o ritmo é tão importante quanto o conteúdo.

Às vezes tinha um assunto para contar, mas pensava: "Não, é muito chato. Vai aborrecer o leitor".

O leitor tem um controle remoto na cabeça!

O livro não é sagrado, como a maioria pensa. É um objeto de prazer!

Você faz o que quiser com ele. Inclusive não ler!

Eu pulo páginas!

Eu já li livro de trás pra frente!

Livro não é um objeto morto das estantes da Academia Brasileira de Letras!

Minha estante é pequena. Só guardo livros que realmente me interessam!

Livros mais leves que eu sei que não vou ler de novo, doo para ONGs!

Mas tem livros que leio sempre.

Todo dia leio um verso de *Poesias completas* de Bob Dylan, de poesias de João Cabral e um trecho de Clarice Lispector.

Pinky Wainer me deu uma edição de *Alice B. Toklas*, de Gerturde Stein. Ilustrado com aquarelas belíssimas! Esse está na estante com a capa exposta como um objeto!

Minhas memórias! Um livro que mexe com o corpo da gente!

É um livro escrito com prazer!

Nada dá certo sem tesão!

Acordava pensando: "Oba! Hoje vai ter textão!".

Capítulo eu chamo de textão!

Um livro que às vezes foi muito doloroso.

Como a morte do meu irmão, a ditadura, a minha mãe alcoólatra.

E outros eu pulava de prazer: Bahia, Carnaval, adolescência, os anos do rock!

Amor e dor.

Escrito com sinceridade.

Encarando o amor e a dor!

Mas escrito com prazer!

O textão das memórias do coração!

Ai, que vida mais vivida!

1. Descobrimento do Brasil: A invasão portuguesa

O Gabeira disse que as velas das caravelas eram feitas de cânhamo. Maconha! Por isso que Cabral saiu para as Índias e acabou batendo no Brasil. Ficou sem noção!

Os portugueses viram os índios e levaram um susto. Os índios viram os portugueses e levaram um susto. O descobrimento do Brasil foi um susto!

O Brasil é a terra da putaria porque foi batizado com o nome de um pau: Pau-brasil!

Pero Vaz de Caminha escreveu uma carta ao rei de Portugal pedindo emprego para o cunhado. E aí nasceu o MDB. Pero Vaz de Caminha foi o fundador do MDB!

A Primeira Missa!

A Cruz!

O mico no galho com os olhos esbugalhados!

Anos mais tarde a índia Bartira deitada na rede: "Ouço passos, é João Ramalho". João Ramalho foi casado com a tibiriçá Bartira.

Em Portugal, era casado com Catarina das Vacas! Bartira é a tetravó da tetravó da Lygia Fagundes Telles!

Índio gay se chama "menos guerreiro". E usa produtos de maquiagem da MAC!

Chegaram os negros. Os pretos. As costas lanhadas!

A foto do pretinho servindo de mula pra sinhá-moça!

Os bandeirantes com as barbas sujas de feijão invadiram tudo. Tudo destruíam. Tudo que se mexia matavam. E tem muita família tradicional que se orgulha de ser descendente de Borba Gato!

Que virou estátua na avenida Santo Amaro, em São Paulo. Uma das estátuas mais horrendas do planeta, um MONSTRUMENTO!

Em 2021, queimaram a estátua. Deviam queimar todas. As estátuas enfeiaram as cidades!

Lampião exibe seu lado fashion numa máquina de costura.

Lampião estupra as meninas. Lampião se encontra com Meu Padim Padre Cícero. Os cangaceiros tiveram as cabeças cortadas e exibidas nas portas das igrejas!

Agreste! O beato sobe a montanha!

Um branquelo de óculos chega na selva com uma Bíblia na mão. O etnocídio!

A arara! Existe bicho mais lindo que arara?

Brasília: um disco voador no cerrado!

Acho que Niemeyer foi abduzido. Voltou pra prancheta e desenhou Brasília.

Regina Casé, num dos melhores programas sobre Portugal, pergunta a uma portuguesa na janela:

"O Brasil ainda pertence aos portugueses?"

"Pertence."

"Então quer que eu entre e faça o seu almoço?"

Regina vai à terra de Pedro Álvares Cabral. Procura na lista telefônica alguém de sobrenome Cabral. Liga do orelhão. "Pois, pois", o alguém atende. "Quem fala?", pergunta Regina. E a resposta do outro lado: "Você!".

Dom Pedro I levanta a espada e foi comer a Marquesa de Santos!

Ademar de Barros, governador de São Paulo, roubou uma urna marajoara. E jogou no fundo do quintal!

São Paulo não pode parar. São Paulo não pode parar porque não tem estacionamento!

Os japoneses vieram no *Kasato Maru*. Os italianos vieram para as fazendas... e viraram os donos. E São Paulo parece a capital do Líbano: Haddad, Kassab, Maluf, Skaf e Alckmin!

Os muçulmanos foram para o Nordeste, se casaram com as sertanejas e esfolaram o carneiro! Com cortes precisos nunca vistos na região!

Os nigerianos vendem panos no chão de São Paulo! Alguns dançam *black music* na porta de um bar em frente ao Sesc 24 de Maio!

2021: "Mãe, se eu virar polícia eu fico branco?".

O mar vai virar sertão e o sertão vai virar mar!

2. Infância:
O hominho do papai!

Meu avô cochilava embaixo de um relógio cuco.

A gente puxava o cordão do cuco e saía correndo!

Minha família tinha uma empregada espírita que se comunicava com a Evita Perón!

Na esquina da casa de meu avô, em São João da Boa Vista, tinha um puteiro.

Passamos pela frente e, pela janela, eu vi uma penteadeira.

Penteadeira e janela eram fundamentais para uma prostituta!

No dia seguinte passei sozinho e em cima da penteadeira avistei um objeto fascinante: uma dançarina do ventre de borracha!

A puta notou meu interesse, veio até a janela e apertou o objeto por baixo: a dançarina começou a se mexer. Espanto!

Nunca tinha visto um objeto em movimento! Muito menos uma coisa erótica como uma dançarina do ventre!

Fiquei absolutamente fascinado. Era show business!

Passei a ir todo dia. A puta era simpática, farta!

Pense numa imagem: uma parede enorme, metade amarela e metade branca, uma janela, uma puta grandona e eu pequeninho na ponta dos pés.

Olhos arregalados. Vendo o espetáculo!

Clarice Lispector menina em Recife teria descrito essa cena melhor do que eu!

Meu primo gostava de ir pisando nos vidros até a fábrica de guaraná. Atrás da casa dele!

Pela frente passava boiada. Era lá que eu passava as férias. A gente dormia de pijama de flanela!

Eu era asmático! Pai médico.

Meu pai era uma mãe judia!

Meu pai era uma mãe de Almodóvar!

Mimado!

Toda vez que eu chorava, meu pai me pegava no colo e dizia: o que fizeram com o hominho do papai?!

Uma manhã no Jardim Botânico fui atacado pelos gansos. Joguei pedras nos gansos e eles me atacaram. Fui salvo pelo colo do meu pai!

Passávamos o verão numa pensão em Santos. O garçom imitava Carmen Miranda!

Os hóspedes pediam: "Juca, imita a Carmen Miranda". E ele revirava os olhos, jogava os braços pro alto e começava a gesticular. Era show business!

Eu tinha seis anos. A mulher que trabalhava lá em casa se chamava Cleusa.

Nas noites de sábado ela dançava rumba num circo!

Ela me levava pra escola. Ia na frente dançando rumba no trilho do bonde. Parecia Fellini!

Foi aí que começou minha fascinação pelo show business!

Eu era asmático!

Aos nove anos já tinha lido textos de Proust! Hoje conto pros meus amigos e eles gritam: "AH, QUE FRESCURA!".

Fiquei de castigo no colégio. Sem recreio! Por ter sido sarcástico com a professora. A tia me trouxe um copo d'água da moringa. Eu era o primeiro preso político!

Eu era asmático!

Eu não tinha amigos. Em vez de jogar bola na rua, ia pra casa da vizinha com uma panelinha de água fervendo com uma seringa dentro. A vizinha aplicava a injeção. Eu era feliz!

Sempre gostei que cuidassem de mim!

Até hoje sou assim. Se não consigo abrir um pacote de bolacha olho com olhos de socorro para o mais próximo.

MIMADO!

Todos gostam de tomar conta de mim.

Do hominho do papai!

Dormia no mesmo quarto com meu irmão. Que ouvia programas de terror no rádio.

Nossa casa era um sobrado e havia uma velha escada de madeira que rangia. Da minha cama, eu ouvia passos!

Se eu tivesse um quarto só pra mim não estaria ouvindo terror, estaria ouvindo a Ângela Maria!

Eu tinha uma cachorrinha chamada Bolinha.

Meus pais deram a cachorrinha em segredo!

Entrei no porão da casa com uma vela acesa gritando: "Bolinha! Bolinha!". Meus pais ficaram surpresos com a minha reação. Ou seja, não entendiam nada de estimação!

Amava e ainda amo os animais.

Detesto cadeia alimentar! Quando o leão avança em cima de um filhote de búfalo, fecho os olhos e mudo de canal, rápido!

Um dia, tio Feres deixou um cabrito para ser guardado em casa. Fiquei amigo do cabrito. Noutro dia, apareceu e levou o cabrito. Para ser devorado no banquete de Ramadã!

Perto do Natal meus pais compraram um peru. Mas esse eu sabia que ia morrer!

Eu bebi a água do peru! Quando levaram o peru para ser executado, eu me vi sozinho no quintal. E bebi a água do peru!

Meu avô foi capitão da Guarda Nacional. Na parede tinha pendurado uma espada e a foto da família imperial. Em São João da Boa Vista.

Ele usava terno jaquetão e engraxava a sola do sapato. Uma noite o gato mijou no jaquetão! De vingança ele pegou um esguicho e molhou a minha avó!

Toda noite meu avô ia ao cinema. No Teatro Municipal. E sentava na mesma cadeira.

A cidade inteira sabia que aquela era a cadeira dele. Uma noite chegou um forasteiro e sentou na cadeira dele. Meu avô entrou, olhou, foi embora e nunca mais voltou!

Meu tio João Batista era desembargador e muito rico. A família contava com a herança. Como certa!

Quando ele morreu, deixou todo o dinheiro para uma puta. Ele tinha um caso com essa puta em segredo, por dez anos! A puta ficou rica!

A gente não podia passar em frente à casa da puta. Pelo desaforo. Tinha que dar a volta no quarteirão.

A puta morreu e deixou todo o dinheiro para a Santa Casa. Que em agradecimento erigiu uma estátua no portão. A puta virou estátua! E a família ávida pela herança, sem um tostão!

Tia Sinharinha usava cabelo roxo e peles de raposa no calor de São João!

Minha mãe não apitava nada. Perguntei:

"Mãe, vamos na sessão dupla do Cine Cruzeiro?"

"Se o seu pai deixar!"

Meu pai tinha um Mercury 48!

O carro era uma novidade no interior. Entrava em São João buzinando! Da casa do meu avô pulávamos de alegria. Ele estava chegando!

Infância!

O Pato Donald não tinha pinto!

Eu não ligava para o meu pinto!

A infância acaba quando?

Quero dizer e-xa-ta-men-te quando?

3. São Paulo:
Minha terra firme!

Eu nasci em São Paulo.

Eu nasci na avenida Paulista. Como disse o outro: já nasceu protestando!

São Paulo é um grande almoço de negócios!

Na casa dos meus pais não se falava em dinheiro. Era feio!

Meu pai nunca dizia: "Estou sem dinheiro". Dizia, no máximo: "Estou desprevenido". Não trabalhava pelo dinheiro. Eram coisas separadas.

O trabalho era louvável. Por si! Mas como disse o outro: o trabalho dignifica o homem o caralho!

Hoje em dia, não se falar em dinheiro em São Paulo é uma heresia. São Paulo é um almoço de negócios. Mesmo que não se fale em dinheiro, está se falando em dinheiro!

Adoro a pergunta: "Débito ou crédito?". Me sinto rico!

Dinheiro não traz felicidade, mas acalma os nervos!

Quando eu era pequeno, São Paulo era cinza. As roupas eram cinza, as pessoas eram cinza.

Duas coisas que quebravam a sisudez dos tons de cinza: as lâmpadas amarelas do túnel da 9 de Julho e o néon do elefante da Cica, no Anhangabaú.

Meus pais me levavam todo domingo à noite para ver o elefante! Não queria bola, não queria porra nenhuma, só queria o néon do elefante!

Depois apareceu um néon do comercial de uma empresa de molas. As molas se mexiam! Aí fiquei doidinho!

Quando eu era pequeno, tomava leite de cabra na calçada. Passava um senhor com uma cabra com sino no pescoço, blém, blém.

E tinha um chinês que tocava a campainha da bicicleta gritando "tinturero".

Minha mãe saía com uma trouxa de roupa suja nas mãos. Um não entendia a língua do outro, isso era São Paulo!

Minha mãe gritava: "É pra quarta". E gritava mais alto ainda: "Pra quarta!". Ele acenava que sim com a cabeça. A roupa chegava na quarta!

Os libaneses!

Morávamos na Vila Mariana. Vila Mariana e Paraíso eram bairros da comunidade árabe.

Minha avó rezava em russo. Era cristã maronita. E morria de medo de muçulmano!

Quando ela saiu do Líbano, cristão não podia andar na calçada. Eu saía com minha avó e ela gritava: "Muslim, muslim!". "Muçulmano, muçulmano!".

A dona de uma rotisserie árabe queria que eu me casasse com a filha dela que era lésbica. Falava pro meu pai: "Deixa eles se conhecerem, na hora a gente puxa a bengala".

Minha avó levou meu pai pra conhecer a irmã do Paulo Maluf, pra eles se conhecerem e na hora puxar a bengala.

Meu pai ia consultar clientes na 25 de Março. E me deixava na já famosa casa de comida árabe da dona Vitória.

Eu, menino, ficava naquela roda de mulheres vestidas de preto amassando o quibe. Me davam quibe cru na boca! Eu cresci com quibe cru. Tenho nariz de quibe!

Em São Paulo se come porco com trufa e se toma guaraná orgânico!

Paulista leva macarrão a sério: tortellini ao mascarpone com shiitake e shimeji, grano duro!

Gabriel, o filho da Astrid, aos seis anos, comia rãs e *steak tartare*!

Os netos da dona Rute Cardoso comiam sushi!

Paulista ainda come esfirra com Fanta uva no boteco do Bigode.

Eu como delivery. Quando num programa de televisão me pediram uma receita, eu passei o app do Ifood!

Na pandemia, São Paulo era um *call*!

São Paulo é a capital da gastronomia: vem gente de fora pra fazer fila em restaurante!

Um casal baiano esperou seis horas na fila da Casa do Porco!

São Paulo tem orgulho da coxinha!

Gosto de cafés!

Fazer o tour dos cafés!

Gosto do Mirante atrás do Masp. Na escadaria, todo mundo queimando fumo!

Gosto do café do Instituto Moreira Salles. Para ver meus pares, os cabeçudos!

Os modernos de calça arregaçada e meia da Zara!

São Paulo é minha terra firme!

Quando o avião está se aproximando de São Paulo e lá embaixo aquele tapete de luzinhas parecendo purpurina, cheguei em casa!

O mapa aéreo de São Paulo é uma teia de aranha!

São Paulo tem *slams* na praça Roosevelt!

Uma juventude do século XXI que fica declamando seus poemas e improvisando repentes! É uma universidade!

Quando eu era pequeno ainda, se ia ao cinema de terno!

Depois começaram a aparecer as bermudas. As havaianas. Era São Paulo passando de província para metrópole.

Os modernos! Os filhos de imigrantes. A periferia! O funk na marquise do Ibirapuera!

São Paulo virou o cada um na sua!

Um dia um pernambucano me mandou um e-mail: "Porque toda biba quer ir pra São Paulo?". Por motivos óbvios!

São Paulo tem tanto gay que devia se chamar São Paula.

No prédio de um amigo tem tanto gay que ele chama de prédia!

Frequento o shopping Frei Caneca apelidado pelos gays de Gay Caneca!

E acho bonito dois gays entrando de mãos dadas numa livraria. Me sinto numa cidade livre!

Uma outra coisa: paulista não tem tempo pra se importar se o vizinho é viado. Só que não, ainda existem os que têm tempo: dois manos batem na cabeça de um casal gay na avenida Paulista com lâmpadas fluorescentes!

Gosto quando o carro para no farol vermelho na esquina da Augusta com a Paulista. Pra ver aquele povo interplanetário atravessando a rua. Tem gente de tudo que é planeta!

Notei que eles passam cada vez mais rápido. São Paulo apertou o botão *forward*!

Fui com um amigo baiano no Franz Café. Um paulista se senta e grita, batendo com a mão na mesa: "Estou aqui há dois minutos e ninguém me atende". Meu amigo baiano ficou boquiaberto!

Um dia, Danuza Leão me perguntou: "Simão, por que em São Paulo todo mundo tem um projeto?".

Eu fui com meus pais no Cine Olido, de terno, para assistir a *Doutor Jivago*. Com intervalo e piano!

Imagine assistir *Aladdin* com intervalo e piano! Minto! Tinha uma orquestra que tocava antes do filme.

Hoje é cinquenta reais o balde de pipoca. E sem orquestra!

São Paulo é tudo junto e misturado.

Um amigo americano ficou chapado quando lhe apresentei uma amiga: uma japonesa loira e bunduda! Em São Paulo tem japonesa loira e bunduda.

E entregador de restaurante de cabelo verde! E filhos de milionários coreanos abriram cafés na Barra Funda, que agora parece que estamos em Berlim!

Pinky Wainer me leva aos domingos na marquise do Ibirapuera. Pra ver as meninas da periferia dançando funk!

Em frente ao Sesc 24 de Maio tem um bar que só toca *black music* e os pretos ficam dançando na rua!

E no Glicério tinha uma cabine telefônica com a placa: "Exclusivo para o Haiti".

Uma amiga se mudou pro Jardins. No outro lado da calçada se instalou um morador de rua. No dia seguinte, ela abre a janela: "Desgraçado, montou a casa mais rápido que eu!". O cara já tinha sofá, tapete e um cachorro!

No Jardim Paulista, existia uma moradora de rua havia anos. Um dia de manhã passei e ela estava lendo *Caras*!

Não troco São Paulo por nada. Por nenhum paraíso. Quer morar em Bali? Não. Quero morar em São Paulo. Cheirando gasolina.

São Paulo é um vício!

Só deixo meu São Paulo no último pau de arara!

4. Família:
Meu pai, minha mãe
e meu irmão

Eu era pequeno, muito pequeno!

Minha mãe chorava dramaticamente.

Estávamos na frente de um guarda-roupa. Uma garrafa tinha explodido dentro do guarda-roupa. Ela era alcoólatra. E havia um urso de pelúcia envolvido na história!

Nos anos 1930, meu pai se formou em medicina no Rio de Janeiro. Na noite de colação de grau, em vez de pegar o diploma, ele foi assistir a um show da Carmen Miranda!

Eu não era tratado nem como menino nem como menina, eu era asmático!

Abria a porta da rua e aí vinha aquela cena do filme de Woody Allen, em que a mãe, mesmo depois de morta, aparecia no céu e gritava: "Não vá esquecer a jaqueta!".

Até hoje olho pela janela antes de sair para ver se posso ou não esquecer a jaqueta!

Meu irmão almoçava de pijama ouvindo futebol num rádio de pilha. Era o hétero da família!

Fui reprovado na aula de música por não saber cantar o Hino Nacional. Hoje jogador de futebol só mexe a boca e tudo bem. O que é lábaro?

Meu pai e meu irmão eram são-paulinos roxos. Daqueles de ter cadeira cativa. Amigos de Laudo Natel e Cícero Pompeu de Toledo.

Domingo, dia de jogo. Queria ir junto pro estádio! Não podia porque atrapalhava.

Meu pai me deu um brinquedo de corda para me consolar. Não aceitei e dei escândalo. Venci!

No estádio, assistia ao jogo de costas pro campo e vendo a torcida. Até hoje escrevo vendo a torcida. Trabalho vendo a torcida!

Fazia direito no Largo de São Francisco. Fugia das aulas com o namorado da Wanderléa para ir à gravação do programa de rádio do Erasmo Carlos.

Eu conheci uma americana que me deu um ácido lisérgico!

Fomos assistir a *2001: uma odisseia no espaço*! Só lembro que na saída pegamos um táxi, era uma mancha amarela!

No dia seguinte, fui para o Largo de São Francisco e não consegui entrar. Parecia uma caverna!

Muitos anos depois tive uma diarista chamada Aldiceia que era muito aérea. Apelidei de Aldiceia no Espaço!

Fui para Londres. Assisti a um show dos Rolling Stones no Hyde Park. Brian Jones tinha acabado de morrer e Mick Jagger soltou borboletas!

Fui para Amsterdã.

E numa balada dancei com Nureyev!

A turma toda foi dormir na casa do Nureyev, aquelas casas holandesas estreitas de quatro andares.

Não rolou sexo com ninguém!

Nureyev disse para um amigo: "*This Brazilian is very cute*". Eu era *cute*! Eu estava saindo da casca!

Fui para Nova York e escolhi um hotel bem barato, no Soho. Anos 1970. Para depois descobrir que era um centro de reabilitação, um *rehab*.

Pessoas falavam sozinhas pelos corredores. Era cheio de baratas e uma mulher cantava ópera o dia inteiro!

Os Black Panthers tentaram me barrar na calçada, mas eu estava com um livro de Eldridge Cleaver embaixo do braço.

Eles riram e fizeram um som batendo com as mãos. E eu passei. Encantado!

Voltei!

Desci em Viracopos!

Realizei que meus pais estavam velhinhos. Não podiam mais me oferecer proteção!

Eles não me reconheceram. Estava de barba ruiva e um chapéu de aba mole tipo Indiana Jones.

Na estrada me emocionei com a terra vermelha do Brasil!

A família veio me visitar como no zoológico.

Eu estava em exposição.

Minha tia apontou com o dedo para o meu cabelo comprido, por trás de mim.

Minha mãe operou a catarata. E parou de beber. Acho que foi a anestesia.

Meu pai comprou um sofá verde enorme e ficou vendo televisão.

Peguei o pouco dinheiro que tinha... e fui pro Rio!

As Frenéticas!

Dancing Days!

O povo da Globo!

A praia!

E eu tinha um novo endereço: Ladeira do Tambá, Barra, subida para o morro do Vidigal.

Rio de Janeiro! Anos 1970!

5. Adolescência: Transei atrás do cemitério!

Transei atrás do cemitério!

Transei num Fusca!

Transei num terreno baldio no Morumbi, quando aquilo tudo era mato!

Uma noite a polícia me pegou transando num automóvel e levou o meu relógio! Polícia gosta de roubar!

Andava de gola rolê com um livro de Sartre embaixo do braço! Nem lembro se lia Sartre, era só pelo carão!

Tem adolescentes felizes que praticam esportes e pedem o carro do pai emprestado! E tem adolescentes atormentados! Que trancam a porta do quarto e se jogam na cama!

Adolescente rico vai pro shopping. Adolescente pobre é expulso do shopping!

Uma adolescente tentou se atirar pela janela. A mãe chamou a PM. Até a PM chegar ela já teria pulado pela janela umas dez vezes!

Eu queria ser ator de Hollywood!

No Colégio Bandeirantes, estavam montando uma peça e o diretor me ofereceu o papel de padre. Recusei!

Acabou a minha carreira! Rasguei o *script*. Como Meryl Streep faria!

No final da adolescência prestei vestibular. Prova de português. Tema: "A moda e a literatura". Escolhi um filme: *E o vento levou...*!

Era apaixonado por Scarlett O'Hara!

Tirei nota máxima!

Anos mais tarde descobri que o livro era racista. Escrito por uma sulista confederada. A nostalgia de um estilo de vida que incluía a escravidão!

Meu pai era árabe cor de azeitona de beduíno e minha mãe era loura! Quando passeavam pela praça de mãos dadas, as pessoas comentavam: "Coitada!".

Eu tinha um amigo gaúcho chamado Siboney. Ele foi me visitar em casa logo cedo. Ainda estava dormindo. Ele esperou sentado no sofá. Ele era preto. Minha mãe entra na sala e sai correndo gritando: "Ladrão! Ladrão!".

O melhor filme sobre racismo e escravidão é *Django livre*, do Tarantino!

Voltava do cinema a pé, tarde da noite e no escuro!

São Paulo nos anos 1960 era uma escuridão. Mas não oferecia perigo algum!

Nossa casa tinha um gramado na frente e mureta baixinha. Minha mãe dizia: "Deixa a porta aberta que eu vou na padaria".

Eu vivia da mesada do meu pai.

Aos dezessete anos, queria ser independente. Queria sair do armário, não sexualmente. Mas como pessoa!

Minha cunhada falou: "Você é tão bonito, devia ser modelo".

Me inscrevi numa agência. A agência deu retorno. Meu pai atendeu. E quando soube que era pra ser modelo disse que eu não morava lá e desligou. Coisa de viado!

Colégio Bandeirantes.

Na hora do recreio pulávamos o muro do colégio! Pra não fazer nada. Era o prazer da fuga pela fuga!

O colégio descobriu e adotou uma atitude violenta: passou piche em cima do muro!

Pulamos o muro e ficamos com as mãos pretas de piche. Fomos identificados, MÃOS PRETAS!

Nos puseram em fila indiana com as palmas das mãos pra cima. A humilhação dos derrotados!

No recreio um cara me deu um tapa na cabeça porque achava que eu era viado!

Eu tinha um amigo que jogava futebol. Uma noite ele apareceu em casa me chamando pra sair pra comer umas telefonistas! Ele me puxava. Eu batia com os pés na barriga dele! Afastando! Empurrei até a porta!

"Aos dezessete anos matou o pai." Cansado de tanto apanhar e de ver a mãe apanhar tanto!

Isso tudo foi nos anos 1950 para 1960!

Pula pros anos 2000! Pula pra 2000!

Metade da fila da Mostra de Cinema é de adolescentes!

A neta de uma amiga minha mostrou os peitos na internet!

A neta de uma outra amiga foi pro baile funk, pro pancadão. No Capão!

Ela compra maconha, beque. Num bar de nigerianos!

Adolescente preto é preso em Vila Sônia portando maconha!

Adolescente ganha medalha de ouro em skate na Vila Olímpica!

Adolescentes ficam grávidas!

Na televisão tem um programa sobre adolescentes grávidas. Título: "Avós de Primeira Viagem". Ou seja, é sobre as mães das adolescentes grávidas.

As meninas não sabem trocar uma fralda. O menino diz que transar sem camisinha é mais divertido!

Já não sou mais adolescente!
E quando acaba a adolescência?
Não consigo registrar essas transições. Os momentos exatos!
Eu sou um adolescente velho!

6. Ditadura:
Medo de camburão

Trinta e um de março de 1964.

A ex-vedete Carmen Verônica saiu da praia em Copacabana quando se deparou com um tanque e perguntou pro soldado: "O que é isso?".

"É a Revolução Redentora."

"Então acende meu cigarro!"

Meu primeiro contato com a ditadura foi com a prisão do meu pai, em 1964. Acordei e dei de cara com dois agentes federais sentados no sofá da sala, fumando!

Cercaram o quarteirão com tropas e metralhadoras!

Não podia acreditar que tivessem cercado o quarteirão com tropas e metralhadoras para prender meu pai, um homem pacato.

Motivo: ele, como médico, havia organizado o sistema de saúde dos Sindicatos dos Gráficos!

Perguntei:

"Posso ir junto?"

"Não!"

"Posso acompanhar com o carro para pelo menos saber para onde estão levando?"

"Pode."

Era um quartel no Ibirapuera.

Nós éramos são-paulinos, aqueles de ir em grupo ao estádio três horas antes e ter cadeira cativa. O governador Laudo Natel era são-paulino. Entramos em contato. Meu pai solto! Graças ao São Paulo, graças ao futebol!

Na volta, nos contou que a primeira pergunta que lhe fizeram foi: "O senhor votou no Juscelino Kubitschek?".

Para mim, essa é a prova que Juscelino foi assassinado!

Meu primo ficou escondido em casa. O hoje conhecidíssimo cientista político Emir Sader.

Não me interessava por política.

Mas podia ver o desespero do meu primo toda vez que a campainha tocava. Não tinha onde se esconder!

Ele se espremia contra a parede, tentando atravessá-la. Ficar escondido atrás da parede! Ele sabia que seria torturado!

Nos anos 1970, eu não entendia nada de política. Achava que Libelu (Liberdade e Luta) era nome de uma boate do Nelsinho Motta!

Meu outro primo, Eder Sader, irmão de Emir Sader, fugiu para a Argentina com a mulher. Um dia saiu para comprar pão e não voltou mais. Anos mais tarde soubemos que ele tinha sido atirado no mar de um helicóptero. Pela ditadura argentina!

Estava na casa do meu tio Aziz Simão, o sociólogo. Como ele era cego, ficava mexendo com os palitos de uma caixa de fósforos enquanto falava. Me chamava de Zezinho!

Uma tarde, apareceram os frades dominicanos. Conversaram horas. Quando partiram, aquela revoada de batinas brancas, ele me falou: "Eles vão ser presos!".

Resolvi ir para Londres.

No aeroporto encontrei com Dedé Veloso, na época a mulher de Caetano. Ela me passou um bilhete para entregar ao Guilherme Araújo, empresário de Caetano e Gil que estavam exilados em Londres.

Guilherme estava no mesmo voo. Entreguei o bilhete. Quando o avião decolou, vimos tanques na pista.

Depois de um ano em Londres, queria voltar para o Brasil!

Voltei ao Rio!

Na ditadura, eu só tinha medo de uma coisa: camburão!

Caminhando à noite e avista um camburão. Continua caminhando e o camburão continua vindo. O camburão passa devagar por você. Tem que fazer cara de distraído, de quem nem tá vendo.

Por dentro, gelado!

A cara calma de quem não tem culpa de nada.

O camburão vai embora.

De pernas bambas, continuo caminhando!

O camburão é a face nada oculta da ditadura.

Um amigo foi preso e torturado. A cara dele era a face nada oculta da ditadura.

Dona Iolanda Costa e Silva se esbaldava no Gallery!

Boate de grã-finos em São Paulo!

Passei a ditadura subindo o Morro de São Carlos, no Estácio.

Eu e meu grande amigo, o poeta Waly Salomão!

Subíamos com uma câmera super 8. Fizemos um filme incrível chamado ALFA ALFAVELA VILLE!

Conhecemos um novo compositor chamado Luiz Melodia!

Que tocou suas músicas no violão no portão da sua casa.

Waly apresentou Melodia para a Gal. Que virou o grande hit "Pérola Negra"!

O título original era "Black is Beautiful". Waly rebatizou de "Pérola Negra". O nome de uma travesti do Estácio.

Quando a polícia subia o Morro de São Carlos, a mãe de um amigo, casada com um traficante, avisava que eles estavam subindo!

Uns amigos, fizemos muitos, levavam a gente para o outro lado do morro, através de um matagal. Era uma rota de fuga. Que dava numa avenida mal iluminada e sinistra.

Tomamos um táxi. No dia seguinte subíamos de novo!

Na ditadura era assim: as pessoas faziam de novo!

Waly Salomão, eu e Rogério Duarte estávamos sentados no chão, num gramado do Aterro do Flamengo. Era noite.

Rogério tinha trazido a notícia que a ditadura havia censurado o jornal de contracultura que estavam produzindo, *Flor do Mal*!

Estávamos pesados, arqueados. A noite ficou mais escura!

Passei a ditadura nas Dunas da Gal.

Na ditadura só tinha duas opções: ou entrava pra luta armada ou para a contracultura. E ambos eram perseguidos!

Ser da contracultura não era tão mais fácil que ser da luta armada.

Cabelo comprido, baculejo. Famílias instalaram miniditaduras dentro de casa. E internavam os filhos!

Anos se passaram!

Lembro de Bethânia no Teatro Castro Alves, em Salvador, lendo um poema sobre a anistia. No final, dramaticamente jogava os papéis para o alto e gritava ANISTIA JÁ!

Estávamos caminhando pelo Campo Grande, em Salvador, quando uma amiga do Caetano disse: "Caetano e Gil estão vindo pra Bahia, mas não pode contar pra ninguém!".

Um dos amigos que não resistia a uma fofoca, a um segredo, retrucou:

"Mas não pode contar pra ninguém?"

"Não."

"Nem pro vendedor de umbu?"

Aí ele foi e contou pro vendedor de umbu: "Caetano e Gil estão voltando do exílio!".

A ditadura apodreceu!

A multidão não queria mais os militares.

Os milicos.

Aparece Tancredo!

Fafá de Belém canta o Hino Nacional!

Cartaz de uma senhorinha na manifestação anti-Bolsonaro: "Tia do Zap o cu! Estou nas ruas desde as Diretas!".

7. As dunas do barato: Anos 1970

O desbunde!

Ipanema, 1971.

Tudo começou numa manhã de sol quando Gal Costa saiu de sua casa na Farme de Amoedo e estendeu sua toalha num monte de areia, uma duna.

Ao lado do Píer de Ipanema!

Gal ficava quieta, deitada com os cotovelos na areia, uma esfinge fitando o mar!

Uma Maja Desnuda tropical!

Gal estava no auge da sua carreira, no Olimpo!

Encantando o Rio de Janeiro com seu show "Gal a Todo Vapor"!

O LP *FA-TAL* com a boca vermelha na capa! Gal usava uma boca vermelha. Que eu apelidei de LÁBIOS DE FOGO!

E assim estava lançado o point mais badalado dos anos 1970. As Dunas da Gal!

O auge da contracultura! Que como um enxame de abelhas correu para ficar ao redor da Gal!

Jorge Mautner delirava, bolando shows e mais shows!

Jards Macalé tocava violão.

Maria Guilherima, gorduchinha e gay, aparecia enrolada numa bandeira do Flamengo!

Caetano Veloso usava uma cueca zazá rosa!

Cueca zazá tava na moda pra ir à praia!

Uma cuequinha mínima deixando aparecer um tufo dos pentelhos. Era a moda. Caetano tomava banho de mar!

Luiz Melodia apareceu!

Começaram a trazer frutas, talhos de melancia, banquete tropical. Lisergia!

Cazuza ficava numa toalhinha ao lado, louco pra se enturmar. Mas nós não deixávamos. Era muito menino!

No dia que Brian Jones morreu. Vilma, a loira que saía da banana no "Fantástico", apareceu com uma camiseta pintada com esmalte vermelho: "Brian Jones is Dead"!

Todos tinham ideias!

Waly Salomão declamava alto com aquela bocarra!

Aliás, uma das alegrias da minha vida foi ter sido amigo do Waly!

E todo fim de tarde batíamos palmas para o pôr do sol.

Aquela bola de fogo entre o morro Dois Irmãos!

À noite, essa mesma turma da praia ia em romaria! Em peregrinação para o show "Gal a Todo Vapor". No Teatro Teresa Rachel, vulgo Teresão!

Waly Salomão, diretor do show, levava um monte de compositores do morro para entrar de graça!

Eu e Jorge Salomão empurrávamos os amigos pra dentro. Hélio Oiticica chegava com mais amigos, empurrando pra dentro!

Teresa Rachel, de cáften longo, andava nervosa pelo saguão do teatro, gritando: "Eu não sou Jesus Cristo! Eu não sou Jesus Cristo!".

Do saguão ao auditório tinha quatro degraus. Que os mandricados subiam de quatro.

Mandrix era a droga da onda. Os Rolling Stones batizaram seu iate de Mandrax. E aportaram em Buenos Aires!

Gal cantava sentada num banquinho alto, tocando violão. Quando se levantava e da coxia alguém gritava: "Oh, minha honey baby", o público entrava em delírio!

A dona dos trinados mais lindos do planeta! Foi um show histórico. Um dos mais lindos que já vi até hoje!

João Gilberto foi assistir ao show, sentado na última fileira!

Eu e Jorge Salomão pegamos os restos do cenário do show, cetim roxo e amarelo.

E fizemos duas polos. Jorge ficou com a polo roxa. E eu fiquei com a polo dourada. Que aparece na capa do livro de Waly Salomão: *Me segura que eu vou dar um troço*.

Foto de Ivan Cardoso.

Que na época estava fazendo uma série de filmes super 8, gênero "terrir": terror com humor. E adivinha quem era o vampiro da série? Torquato Neto!

O gênio atormentado do Piauí!

Gal ia muito ao Teatro da Praia.

Para o show "Rosa dos Ventos", com Maria Bethânia.

Íamos atrás. Uma noite me atrasei para o show e a um quarteirão de distância já se ouvia a voz de Bethânia!

Dunas da Gal, eu lembro quando começou. Mas não lembro quando terminou.

Aliás, lembro. Quando o show veio para São Paulo, viemos atrás. E torcemos o braço da roleta, pra entrar todo mundo. De graça!

A gente só tinha o dinheiro do ônibus!

Nós não éramos tietes.

Éramos fanáticos por uma causa, a contracultura!
Eu queria ser a Gal Costa!
Eu queria ser Mick Jagger e Gal Costa!
Ao mesmo tempo!

8. Folias brejeiras:
As Anittas dos anos 1950!

"A arte não é só talento, mas sobretudo coragem!" Glauber Rocha.

Nos anos 1970, escrevi um livro sobre mulheres corajosas! As vedetes dos anos 1950!

Vedetes eram as mulheres que brilhavam em Teatro de Revista. Ou Teatro Rebolado!

Porque elas tinham que rebolar. Para os marinheiros gritarem: "Gostosa! Gostosa!".

Teatro de revista era um show de entretenimento com números de mágicas, piadas políticas e a grande atração: as vedetes!

Mulheres que cantavam e dançavam quase nuas!

Cada uma fazia um tipo!

A cômica, a exótica, a abusada e a simplesmente gostosa!

Tinham que inovar para triunfar. Elas tinham que ter coragem!

Não é um livro nostálgico!

É sobre mulheres empoderadas querendo desafiar o machismo e a moral opressora da sociedade vigente!

As Anittas dos anos 1950!

Como surgiu a ideia do livro?

Estava no ônibus quando duas senhoras na minha frente comentavam:

"Lembra da Elvira Pagã, aquela devassa?"

"Devassa como aquela outra, a Luz del Fuego!"

Opa!

Tocou um sininho na minha cabeça!

Essas mulheres deviam ser bafo!

E com esses nomes irresistíveis!

Fui pesquisar. Não eram mulheres do meu tempo. Não importa! Michelangelo também não era!

Luz del Fuego já tinha visto, com oito anos de idade, numa página da revista O Cruzeiro!

Uma foto em branco e preto de uma mulher nua enrolada em cobras!

Tropical, provocante, dramática!

E o nome em espanhol: Luz del Fuego!

Bem sensacionalista. Amo o sensacionalismo!

Aí comecei a pesquisar e cheguei na Virgínia Lane.

Que era amante de Getúlio Vargas!

Pra mim, só esse bafo bastava!

Aí dei de cara com uma gostosa cômica: Mara Rúbia!

Essas mulheres viveram amanhã!

Folias brejeiras é um livro Brasil!!

Nos anos 1970, pedi pra Caetano e Gil lançarem o livro nos shows deles. E eles gentilmente lançavam. Literalmente!

Jogavam o livro pra plateia! Quem pegar pegou!

Era a contracultura unida!

Após o show, vendia o livro no saguão do teatro, numa barraquinha!

Na saída, alguns compravam. Um só livro que comprassem me dava orgasmos múltiplos. Chegava a gozar de felicidade!

Vendi um! Vendi um!

Me apaixonei por essas mulheres!

Como sou apaixonado pela Anitta, Pabllo Vittar, Jojo!

E por essas mulheres que vão nas manifestações com o cartaz: "Sai da frente! Deixa o meu tesão passar!". "Sou dona do meu corpo!", "O corpo é meu!".

Iguais às mulheres do meu livro!

Teatro Rebolado bombava no Rio.

O Rio era putaria pesada. São Paulo era uma cidade provinciana e conservadora.

Gostava de Mazzaropi!

O espetáculo transborda do palco! Vai para as ruas! As "devassas"!

Influenciaram o comportamento das mulheres!

Elvira Pagã foi a primeira mulher a vestir biquíni no Brasil. Escandalizando Copacabana!

Efeito dominó. As amigas passaram a usar biquíni em Copacabana!

Muitas mulheres saíram do armário. E hoje todas usam biquíni! Aderiram à causa! Outras repeliram com ódio. O gabinete do ódio!

A capa! Alucinógena!

Eu era amigo de Rogério Duarte, o gênio das artes gráficas!

Fez as capas dos discos de Caetano e Gil.

E o pôster do filme *Deus e o diabo na terra do sol*, de Glauber!

Que eu tenho pendurado na parede do meu escritório ao lado de Evita Perón e Mao Zedong. Eu chamo de Parede do Mal!

Pedi pra ele fazer a capa de meu livro. Pedi não, enchi o saco!

Teria que ser ele!

Aí ele pegou uma página de arquivo de fotos da Luz del Fuego, umas canetinhas e pintou de amarelo, azul.

E a cobra ele fez PRATEADA! Uma cobra prateada!

Essas vedetes gostavam muito de brincar com o público!

Desciam, pegavam um homem e levavam pro palco. Com meu pânico de palco, acho que eu morreria!

Até hoje, quando as luzes do teatro se acendem com a peça em andamento, já começo a suar frio, já sei que os atores vêm brincar ou escolher alguém pro palco!

Tenho medo do Teatro Oficina. Apesar de amar o Zé Celso!

Numa peça do Antunes saí correndo pela escada. E dei de cara com o Antunes. "Vou até ali fazer xixi!".

O título do livro *Folias brejeiras* é um trocadilho com *Folies Bergéres*. Um antigo cabaré parisiense onde mulheres faziam striptease e dançavam nuas!

Encantando os parisienses. Brejeiras porque na realidade essas "devassas" eram brejeiras. E só queriam folias!

Um livro espetáculo!

Personagens elétricas!

Um elenco de ouro para cair na pândega!

Nada de nostalgia, retrospectiva ou folclore!

Pegar no ar a tradição mais viva e jogar para o futuro!

Jogar para o futuro!

É isso!

9. Elvira Pagã:
Cassetete, não!

Escandalosa! Bela! Nua!

Elvira Pagã saiu de Itararé, interior de São Paulo, para causar no Rio. Nos anos 1950!

Elvira Pagã foi a primeira mulher a usar um biquíni na América do Sul!

Ela rasgou um maiô, fez um duas peças e escandalizou a praia de Copacabana!

Pagã na época era sinônimo de pecadora, escândalos, imoralidade e atentado ao pudor.

Tudo que a gente adora!

Elvira Pagã foi Rainha de Vários Carnavais!

Os estudantes a envolvem numa manta de vicunha e a transportam em passeata até o Teatro Santana!

A Marinha brasileira a transporta em carro alegórico!

As escolas de samba a acompanham em seus sambas. "O que é que o biquíni tem"...

Uma noite, após o show, um tarado ataca Elvira no camarim. Ela o repele. Ele era delegado. Em represália, mandou prendê-la!

Elvira Pagã de estandarte e biquíni no camburão!

49

Foi para o distrito carregando o estandarte "Marreta o Bumbo!".

De estandarte em punho deu entrada na Central, desorganizou os serviços policiais, depredou a máquina de escrever, desacatou a autoridade.

Riu, chorou e dançou na polícia central!

Elvira Pagã dormiu no chiqueirinho do DI!

Elvira Pagã compõe o samba "Cassetete, não!".

"Vendo que não conseguia me conquistar/ Pra que eu ficasse marcada/ Mandou-me aprisionar/ Cassetete, não! Cassetete, não!/ Tu não terás o meu coração."

Assédio sexual. Violência!

Não existia lei Maria da Penha!

Era só a lei dos homens!

E o figurino do "Cassetete, não!"?

Três corações, um em cada peito e outro na xoxota. Só isso!

De cartola empunhando um cassetete. Era pra debochar!

Acho que vou fazer um igual pra sair no carnaval de São Paulo, num bloquinho!

Sua produção é intensa!

Excursões por todo o Brasil!

Verdadeiras enchentes nos teatros de revistas!

Adoro os nomes dos shows: "Folias em Bagdá". "E o negócio tá de pé". "Cuba libre". "Muita máscara e pouca roupa!".

Elvira sofre um rosário de processos! De prisões!

Atentado ao pudor! Desacato a autoridade!

Elvira Pagã vive mais nos bancos dos réus que nos palcos!

Das noitadas alegres nas boates para o xadrez correcional.

Atentem para essa palavra: correcional. É usada até hoje!

A artista declara que pretendem raspar-lhe a cabeça na penitenciária!

"Sou uma vítima da hipocrisia!"

Veredito de um juiz: "Macaco que muito pula quer chumbo!".

Revista *Escândalo*, número 44, julho de 1956: "... enfim a maneira de pensar de Elvira Pagã é proibitiva pois ela tem uma verdadeira aversão aos conceitos sociais".

Hoje as travestis e trans passam por isso! Cassetete, não!

Passou um tempo na Amazônia. Com seus pares, os pagãos!

E teve um romance com uma onça! "Sonhei acalentada com o calor da onça que ao meu lado dormia!"

Isso é muito Brasil!

Eu tenho a foto de um adolescente nordestino dormindo com um galo preto!

Nos anos 1960, ela abandona a carreira artística.

E se dedica a estudar os discos voadores!

Cansada da hipocrisia dos terráqueos, ela passa a viver com alienígenas!

Os ETs são verdinhos. Os ETs são amorais!

Eu chorei no filme *ET* quando ele aponta o dedo: "*Minha caaaasa!*".

Acho que a Elvira Pagã deve ter falado o mesmo quando viu os ETs: "*Minha caaaasa!*". Estou em casa!

Viver com os alienígenas!

Rita Lee grava a música "Elvira Pagã".

Foi-se o tempo em que nua era só Elvira Pagã!

10. Virgínia Lane: Tem Bububu no Bobobó!

Virgínia Lane nasceu no Estácio!

Virgínia Lane era baixinha, dentuça e com pernas perfeitas! E foi a maior vedete do Brasil! Ponto.

Virgínia Lane demorou a cair na gandaia, no rebolado! Estudou nove anos de balé com Madame Olenewa.

Meu pai era amigo de Madame Olenewa. Passamos um verão juntos em Poços de Caldas!

Ela andava de bombacha e bota!

Levamos Madame Olenewa para conhecer o Teatro Municipal de São João da Boa Vista para possíveis futuras apresentações.

"Isso aqui precisa tirar", deu um chute num adereço de gesso e caiu metade do palco! Meu avô quase infartou. "Quem mandou trazer essa russa?"

Virgínia Lane teve um caso com o então presidente Getúlio Vargas por dez anos! Amo esse bafo!

Detalhes sórdidos: "A barriguinha dele atrapalhava, mas tudo se resolvia na horizontal! Getúlio era bom mesmo de língua, era sua especialidade!".

Ruy Castro conta em uma de suas colunas uma versão hilária da Virgínia para a morte de Getúlio:

Ele foi assassinado. Estava nua com Getúlio sob os lençóis quando entraram dois homens encapuzados e o mataram. Antes de morrer ele pediu duas coisas: que nunca contasse que ele foi assassinado e que seu capanga Gregório a tirasse dali. Gregório entrou no quarto, me pegou no colo e me atirou pela janela.

Ela quebrou um braço, uma perna e quatro costelas!
Fake News!
Ela lançou uma fake news: Getúlio foi assassinado! Ou é fake news que ele se suicidou!
Getúlio gostava do show business!
Recebia muito as irmãs cantoras Linda e Dircinha Batista no Palácio do Catete.
Uma noite, Linda Batista, num ataque de riso, mijou na poltrona do Getúlio!
O caso de Getúlio com Virgínia Lane era público!
Uma noite, dona Darcy Vargas, já doente, chama Virgínia Lane: "Cuide bem do Getúlio".
O maior sucesso musical de Virgínia Lane: "Sassaricando".
Olha a letra: "Sassaricando/ Todo mundo leva a vida no arame!".
O Brasil se identifica! É a vida do brasileiro! Sucesso instantâneo!
Em novembro de 1987 a Globo lança a novela "Sassaricando", com Paulo Autran e Tônia Carrero. E Claudia Raia novinha!
Por coincidência, estreei na *Folha* em novembro de 1987 com uma coluna sobre "Sassaricando".
Chamava o Paulo Autran de Pafúncio e a Tônia Carrero de dona Marocas. Eles detestaram!
Rita Lee gravou "Sassaricando"!
Até hoje nos bailes de Carnaval da terceira idade a orquestra toca "Sassaricando"!

Os veinhos adoram. Fazem trenzinho pelo salão! Sassaricando!

Virgínia Lane vestida de pipoqueira, cantava: "Vem comer minha pipoca⁄ a pipoca tá quentinha". Tudo tão inocente!

Depois veio o axé e depois veio o funk!

Essa trabalhou: teatro, filmes, televisão, foi jurada do Silvio Santos!

Como era dentucinha, seu apelido era Coelhinha.

Pegou um monte de meninas, botou dentro de um ônibus e correu o Brasil com As Coelhinhas! Que não eram dentucinhas!

De todos os seus sucessos, o que eu mais amo é: "Tem Bububu no Bobobó". Sempre teve. E sempre terá.

Graças a Deus e ao Rebolado!

Já idosa, Virgínia Lane é atropelada.

Fui entrevistá-la no hospital. Estava de camisola verde-água.

Assim que entrei, ela gritou: QUEBRARAM O MEU QUADRIL, MAS O REBOLADO EU NÃO PERCO!

11. Luz del Fuego: A mulher das cobras

A ação se passa nos trópicos!

Saiu do Espírito Santo uma cabocla que iria abalar o Rio de Janeiro!

Seu nome: Dora Vivacqua!

Nome artístico: LUZ DEL FUEGO!

Luz del Fuego era o nome de um batom argentino!

Ela queria ser livre, empoderada e chamar a atenção para os seus ideais!

O nudismo!

Ela dançava nua enrolada em duas cobras!

O palco escuro, de repente um canhão de luz fazia um círculo de luz.

E lá estava ela, descabelada, nua, enrolada em duas cobras, dançando freneticamente.

Uma cobra se enfiava entre suas pernas!

Ficou famosa como A Mulher das Cobras!

O Brasil inteiro queria ver A Mulher das Cobras!

Aonde ela ia, multidão!

A mais cobiçada nudista das Américas!

Aplaudida em pé nos seus números de rumba!

Demônio vivo a lançar com seus bailados um sério perigo para a moral.

Luz del Fuego se candidata a deputada: "Menos roupa! Mais pão!".

Queria levar para o Congresso a sua filosofia existencialista: todo mundo nu!

Barrada nos bailes de Carnaval do Theatro Municipal!

Carnaval, 1951.

Diário da Noite.

A exótica bailarina não consegue entrar no Municipal ostentando rica fantasia Fundo do Mar, seminua! Levada para o carro da Polícia Municipal. Largada bem longe!

Carnaval, 1952.

Escândalo!

A indecente Luz del Fuego presa com a menor Lisete Silva pelos policiais do 3º DP! Por estarem sem roupa. Processo na 9ª Vara Criminal!

Psicanálise denuncia: "A paixão pelas cobras revela seus fortes ímpetos sexuais".

A cobra é um símbolo fálico.

Luz se exibindo, cobrindo o corpo com cobras, prova exibicionismo e desejo sexual revelados cruamente!

Finalmente consegue abrir um clube de nudismo na Ilha do Sol, baía da Guanabara.

Uma ilha cercada de rochas.

Em troca da concessão, Luz teria que se exibir em cima de uma rocha fantasiada de indígena e peitos de fora.

Dando adeus para os barcos de turistas!

Seus companheiros na Ilha do Sol: Hélio, amante guarda portuário; Gilda, travesti carnavalesco. Miss, a jiboia predileta!

Sua filosofia: todo mundo nu!

Luz ia pra São Gonçalo para beber com os bofes! Delinquentes, guardas portuários, bofes da região!

Assim mataram Luz del Fuego: os criminosos abriram o ventre da vítima, colocaram pedras e manilhas e afundaram o corpo no mar.

Suspeito da morte de Luz enfrenta a polícia a tiros!

Com duas .45, Gaguinho abre caminho a bala!

Homens-rãs procuram o corpo de Luz!

As Cobras!

As jiboias vermelhas do Amazonas são as melhores, aprendem a dançar!

As do Rio de Janeiro são muito boas, as claras!

Sucuri não presta, a sucuri só quer saber de fugir!

Luz del Fuego! Mulher tabu!

No País da Cobra Grande!

12. Mara Rúbia:
A rainha das escadarias

Mara Rúbia era cômica, sapeca, escrachada, aprontona!

O Diabo Louro!

Fui entrevistá-la em seu apartamento no Rio. Ela estava de bolinhas!

O apartamento era imenso. Onde moravam a filha, o cunhado, as netas. No maior entra e sai. Bem Rio!

Ela fumava sem parar. Dava coió nas netas. "Eu sempre fui mulher bicha!"

Se não me engano, pela janela dava pra ver o Cristo Redentor!

Rainha das Escadarias!

"Levei cinquenta noites para aprender a subir e descer uma escada, quando aprendi, não parei mais!"

"Já desci do alto do Maracanã numa escadaria em espiral com dezoito atletas pelados me esperando embaixo com bandeiras."

Tipo abertura das Olimpíadas!

Subir e descer uma escada é a prova de fogo de uma vedete!

Porque ela tem que descer com plumas, com cauda!

Ou pelada!

Escada é fundamental!

Beyoncé usa escada. Rihanna usa escada. Madonna usa escada. Nazaré Tedesco matava empurrando as pessoas escada abaixo!

Nazaré, a primeira vilã cômica. Nazaré virou meme! Nazaré virou a rainha das gays! Os gays adoram vilãs comicamente malvadas!

Escada é bom pra dar pinta!

Nos anos 1980, eu fui ver uma peça do Costinha num teatro bagaça da avenida São João.

Ele fazia papel duplo: a mãe e o filho.

A mãe na beira do palco: "Tô desconfiada que meu filho é bicha!". "Chaaamou, mamãe!", entra o Costinha descendo a escada de meias arrastão!

Se não fosse a escada, a cena perderia o impacto! A bicha tinha que descer uma escada!

O que é preto e branco e preto e branco? Uma freira rolando a escada!

Mara Rúbia era do Pará, do Marajó!

Casada com um deputado!

Uma noite foi assistir a *Anjo azul*, com Marlene Dietrich. Adorou a cena em que Marlene senta na cadeira ao contrário, com as pernas abertas!

Chegou em casa, repetiu a cena e levou uma surra do marido! A eterna violência doméstica!

Se desquitou, veio pro Rio e caiu na praça Tiradentes. O centro dos teatros de revistas. O rebolado era seu destino!

Estreou para um público de marinheiros, estivadores, fuzileiros navais!

Era o público de sábado à noite!

Entrava em cena gritando "Oba! A gostosa chegou!".

Mas tinha que ser um OBA com os braços pra cima. E gostosa. Senão estava fodida com aquele público!

Estrepolias!

Todo ano eles encenavam a "Vida de Cristo". Era obrigatório!

Todo ano quem fazia Cristo era o ator Jesus Ruas!

Também, com esse nome.

Era um predestinado: se chamava Jesus e fazia Cristo!

Esse Jesus era compenetrado!

Uma noite Mara passou sebo no pau da cruz.

E ele em cena escorregando, gritou lá de cima: "Quem foi o filho da puta que passou sebo no meu pau?".

No dia seguinte, Mara passou merda no bigode postiço!

E outra vez em cena, lá em cima da cruz, ele gritou: "Quem peidou, quem peidou?". Aí correu pro camarim e gritou pela janela: "Cagaram no mundo!".

Que cagaram no mundo, eu já sei!

Cagaram no mundo, mas o rebolado eu não perco!

13. Bahia:
A terra que me escolheu!

A primeira coisa que faço quando chego na Bahia é ficar descalço!

Quando eu cheguei na Bahia pela primeira vez, não era a primeira vez!

Devo ter vivido várias encarnações nessa terra que me escolheu! 1973!

Fui pra Salvador pela primeira vez de ônibus, com o poeta Jorge Salomão!

Fui sentado na primeira fila, tamanha a animação!

Tinha levado minha máscara de dormir. Quando coloquei a máscara, o ônibus inteiro veio pra frente, gritando: "Zorro! Zorro!".

Paramos em Jequié. Jorge queria visitar a família. A mãe de Jorge nasceu numa cidade chamada Veados. Que depois mudaram para Nova Itarana.

Chegamos na Bahia. Baiano chama Salvador de Bahia. Tudo na Bahia é Bahia!

Ainda bem que nunca fui, nem sou e nem serei prefeito de Salvador! Porque pra mim todas as ruas continuariam de terra!

Todo mundo ama sua terra. Mas baiano venera a Bahia!

Meu marinheiro Davi era de Periperi, um popular e populoso bairro de Salvador, e quando ele se casou disse pra noiva: "Eu te amo, mas amo muito mais Periperi".

Baiano é aéreo. Paula Lavigne me disse que baiano é aéreo.

Heitor Reis ia me buscar no aeroporto e sempre se perdia na rotatória, nunca conseguia entrar na avenida Paralela.

Gritei: "Toca pra Itapuã! Vamos pela beira-mar que não tem erro". Dirigir na Bahia é esporte radical! Ninguém anda em linha reta! Aéreos!

Baiano é aéreo. Estava no saguão do aeroporto quando a mulher anunciou: "Atenção passageiros da Gol, voo 224, portão... que portão é mesmo, Lisette?". Amo. Amo tudo isso!

Waly Salomão era diretor da Fundação Gregório de Mattos, que promoveu uma sessão com o cineasta russo de vanguarda Dziga Vertov. O projetista passou o filme ao contrário.

No final apareceu escrito na tela: "MIF". E o povo gritando: "O que é MIF? O que é MIF?". Dona Lúcia, mãe de Glauber Rocha, subiu ao palco e disse: "MIF é FIM em russo".

Aos sábados eu dançava aquele samba de roda que Danda cantava: "Não vá errar na letra/ não vá errar na letra/ pé de cana é caneta/ pé de bucha é... buchecha".

Quando eu morava em Itapuã, Dona Miúda vendia em Abaeté um bolo chamado Fófa Cu!

Existe na Bahia uma coisa chamada "correio nagô".

Logo que chegava na minha morada, a primeira coisa que fazia era botar minha sunga e descer pro Porto da Barra.

Da praia ligava para o Heitor:

"Cheguei."

"Já sei! Já te viram descendo a Ladeira da Barra de sunga preta." Era o correio nagô em ação!

Eu sou do tempo em que baiano não precisava ser alegre!

Eu era filho de santo de Mestre Didi.

Que era filho de Mãe Senhora.

Ele atendia em seu apartamento no Morro do Gato.

Mestre Didi era rijo, com um olhar penetrante por trás de uns óculos de aro preto. As mãos magras com nódulos fortes!

Hoje Mestre Didi é artista plástico de renome internacional com obras no MoMA!

Eu fiz obi com o Pai Pequeno do Gantois!

Era velhinho, baixinho e usava um boné tipo cantor cubano do Buena Vista!

Ele matou um galo vermelho e me passou pelas costas. Quando eu estava encantado, ele pegou a vassoura, começou a varrer e disse: "Isso dá um trabalho".

Quebrou o encanto! Já imaginou quantas vezes o Pai Pequeno já varreu aquele quartinho?!

Apareceram dois pintores pra pintar meu novo apartamento na Ladeira da Barra: um pai de santo e um garotão.

O pai de santo prometeu pro garotão: "Se você me comer eu te deixo comer minha mulher!".

Na hora de comer a mulher, o pai de santo não deixou. O garotão quebrou as pernas dele com uma barra de ferro. Depois de cinco dias reapareceram, o pai de santo com a perna engessada e o garotão!

Baiana não atravessa a rua pra falar com a amiga do outro lado. Conversam gritando. Eu amo isso!

Quando chove, baiano fala baixo!

Caetano morava em Amaralina. Polanski estava em Salvador. Quando Polanski colocou os pés na soleira do portão de Amaralina, a luz apagou!

Existem dois ícones em Salvador: a estátua de Castro Alves e a sorveteria A Cubana!

A Cubana existe desde 1930!

Foi a primeira sorveteria de Salvador. Ao lado do Elevador Lacerda. Isso que é saber escolher ponto. E que nome: A Cubana!

Meu sorvete preferido era o Dusty Miller. Duas bolas de sorvete, duas caldas, leite Ninho e um biscoito!

Caetano não se lembra, mas já paguei muito Toddy pra ele na Cubana!

Às vezes, Dedé me pedia para levar Caetano até a Rádio Cultura. E dava o dinheiro contado: "Esse é pro táxi e esse pro Toddy". Mas às vezes esquecia o do Toddy!

As ruas da Bahia são cheias de meninos! A Bahia é cheia de meninos! Os meninos fazem malabarismos no farol com mangas!

A Bahia é cheia de mangas e de meninos!

As baianas são bundudas! Uns dizem que é o feijão! Eu acho que é o mingau!

Não posso mais comer dendê. Pierre Verger também não podia. É quizila!

"A quizila é uma forma de enjoo que vem através dos orixás, são coisas que não combinam com você e que então não deve comer". Kiko, pai de santo de terreiro Ketu!

Flora Gil estava terminando seu camarote de Carnaval, o 2222!

Faltavam as cortinas. Ligou pra cortineira, dona Margô:

"Queria falar com a dona Margô."

"Dona Margô não pode atender."

Uma hora depois, tentou de novo:

"Queria falar com a dona Margô."

"Dona Margô não pode atender agora."

Desesperada, faz a última tentativa:

"Preciso falar com dona Margô urgente!"

"Dona Margô não pode atender agora porque ela está manifestada!"

Difícil escrever sobre a Bahia. A Bahia não é de escrever. É uma terra oral!

Na Bahia se diz "por obséquio!" e "acordei virado na porra".

Fui a Santo Amaro da Purificação.

Entrei numa ótica. Havia uma parede forrada de santos. Entre eles, a foto do Caetano!

Contei a Caetano e ele respondeu: "Nunca fui santa!".

Dormi uma vez na casa de dona Canô em Santo Amaro da Purificação!

Um corredor de quartos que dava para uma grande sala que dava para um quintal com um varal de roupas coloridas. Encontrei com Caetano no corredor e só consegui dizer: "Sua casa é linda!".

Quando eu tinha casa na praia de Arembepe, acordava às cinco da manhã!

Para ver as seriemas e as garças chegando na lagoa, atrás de casa.

As folhas ficando mais verdes, a natureza acordando.

A Bahia é linda ao amanhecer!

As pessoas se reúnem pra ver o pôr do sol. A troca da guarda, como disse um amigo da Bethânia!

As pessoas se reúnem no Porto da Barra para aplaudir o pôr do sol. Eu ainda prefiro o amanhecer.

As pessoas se reúnem no Porto da Barra pela putaria!

A Bahia marcou minha vida!

Eu tenho ciúmes da Bahia!

Quando comentam "fulano se mudou pra Bahia" eu torço o nariz!

Eu me acho um dos guardiões da Bahia!

Bahia!

14. Arembepe:
A praia mágica da Bahia

Arembepe!

Que mudou o rumo da cultura brasileira!

Arembepe era uma praia deserta no litoral norte da Bahia. Que só se chegava de burro.

Ao lado de Salvador. Situada entre Salvador e a famosa Praia do Forte. Na atual Estrada do Coco!

Anos 1970!

Arembepe entra na rota do underground. Da contracultura! POR QUÊ?!

Uma faixa de areia branca, mar azul deslumbrante e uma renca de palmeiras altíssimas!

Por que os hippies, os artistas e os antenados escolheram essa praia, exatamente essa praia? Sendo que o litoral norte da Bahia é imenso!

Dizem que exatamente por isso: uma faixa de areia branca, mar azul deslumbrante e uma penca de palmeiras altíssimas!

Como Iemanjá atrai pescadores e marinheiros, Arembepe atraiu esse povo. Foi feitiço! Arembepe era uma entidade!

Ninguém sabe exatamente quando os hippies chegaram, com suas mochilas a tiracolo.

Chegaram, construíram suas palhoças, se instalaram e formaram a famosa Aldeia Hippie!

Arembepe de repente entrou na rota da contracultura dos anos 1970.

Todo mundo que era da contracultura queria ir pra lá. Viver lá. Passar por lá! Mergulhar lá!

Rita Lee era menina e andava de burrico!

Gal Costa aparecia, linda, com um vestido longo, transparente, diáfano. Era um disco voador!

Gil, Caetano, Mautner, Os Novos Baianos, Baby, Raul Seixas!

Viagens de ácido lisérgico, rituais hindus e mergulhar nus. Estava formada a Nação Arembepe! Ou Arembepe Nation!

Tinha adquirido fama internacional! Os antenados se comunicam. Nem que seja por telepatia!

A cantora Janis Joplin chega ao Brasil com uns enormes óculos roxos, bebe licor de ovo em Ipanema e parte pra... Arembepe!

Levada por amigas de Salvador. Elas devem ter falado: "Ah, você tem que ir pra Arembepe!". Lá, fica numa casa chamada Casa do Sol Nascente. A casa virou um totem!

Mick Jagger veio ao Rio, depois Salvador e apareceu em Arembepe! Lindo!

Tem uma foto do Mick Jagger no alpendre de uma casa, tocando violão, descalço, com os pés sujos! Tocando violão para um monte de meninos!

Na Bahia sempre tem um monte de meninos!

Estava com sua mulher Marianne Faithfull, loira, bem inglesa com cabelo de espiga de milho!

Anos depois, apareceu um ator de Hollywood, mas foi embora rapidamente. Não aguentou as muriçocas. As picadas dos insetos!

Arembepe mudou o rumo da cultura brasileira!

Eu não lembro quando cheguei! Nem quando parti!

Fiquei numa casinha rosa da Pinky Wainer e Vera Barreto Leite. Não era na aldeia hippie. Mas numa pracinha na aldeia dos pescadores.

Dormia numa canoa no quintal, na praia. Dormia vendo o céu e as estrelas. As grandes civilizações olhavam para o céu e as estrelas!

A aldeia hippie e a aldeia dos pescadores eram vizinhas. Conviviam pacificamente. Não houve guerra! Ninguém falou "vocês invadiram a minha praia".

O poeta e agitador Waly Salomão organiza a ida de um disco voador, ops, de um trio elétrico para Arembepe!

Imagine um trio elétrico, todo iluminado, com um puta som entrando pela primeira vez na aldeia, nós na porta atônitos, numa rua estreita de areia e terra, entre palmeiras!

Os pescadores se animaram. E caíram na folia!

Eu tinha um amigo muito magro que foi comprar fumo num traficante. E voltou com a testa afundada com a marca do anel de ouro do traficante!

No meio de Arembepe corre um rio estreito e raso, o Capivara. O rio é dourado!

Do outro lado ficava acampada uma filha de general. Quando saíamos para caminhar, ela nos oferecia bolacha de água e sal e contava que tinha fugido do general. Era uma *dropout*!

Arembepe era rota de discos voadores. A prova eram as palmeiras chamuscadas de roxo, queimadas. Pela energia das naves!

Na mesma linha horizontal. Eu não vi disco voador em Arembepe.

Eu vi disco voador na praia de Maria Farinha, em Pernambuco!

Da praia ouvi a gritaria: "Disco voador! Disco voador!". Era um charuto laranja no céu! Se movia sem se mover! Uma velocidade que a gente não conhece. Pulsava!

Eu vi! E o Pentágono também!

Samuel Wainer, pai da Pinky, queria saber da filha.

Acho que ela tinha dado no pé sem avisar. Samuel liga para seu amigo na Bahia, Jorge Amado, em busca de notícias. Jorge Amado responde de pronto: "Eu sei onde ela está". E aparece em Arembepe.

Na porta de casa!

Pinky estava enrolada num lençol e ele: "Fique aqui se quiser, mas avise seu pai".

Ver Jorge Amado na porta de casa me causou apenas espanto e curiosidade. Hoje, se vejo Jorge Amado num documentário na televisão, choro de emoção!

As palmeiras eram minhas amigas! Finas, estreitas, altas! Dominando Arembepe! Elas que dão o *skyline* de Arembepe até hoje!

Eram as donas de Arembepe! As protetoras! As guardiãs dessa paisagem deslumbrante!

Todos que viveram em Arembepe e hoje escrevem ou comentam sobre Arembepe usam a mesma expressão: paisagem inesquecível!

Agora pula quarenta anos! Quarenta anos se passaram!

2010!

Volto pra Arembepe!

Por acaso. Nada premeditado. Uma amiga estava oferecendo casas para vender num condomínio na beira da praia e compramos.

Eram quatro casas. Eu e Gustavo Sérvio, Graça Borges, Patricia Casé e Aninha Franco e Paulo Borges.

O condomínio era vermelho! Passou a ser chamado O Condomínio Vermelho!

Nós tínhamos um boxer chamado Dourado. Dourado fez xixi dentro da bolsa da Joyce Pascowitch!

Dourado derrubou Lino Villaventura no chão!

Uma manhã acordei, abri a porta e gritei: "Tem um bofe lindo de costas no gramado". Era a Mart'nália! Era bafo!

O DJ Zé Pedro, convidado de Patricia, botava a cabeça pra fora da porta toda manhã e gritava: "Véééias".

Um dia, apareceu Regina Casé com Estevão e comitiva.

Ela queria ir no lugar mais movimentado da praia: "Será que vão me reconhecer?". Falei: "É só não abrir a boca". A voz é inconfundível!

E tinha dias que não aparecia ninguém, só o barulho das ondas!

Arembepe de aldeia tinha virado uma cidadezinha. A terra e areia viraram asfalto!

Mas ainda com cavalos na praia, capoeira na praça. A praça!

Lan house com música ao vivo! Toda sexta, música ao vivo! Só na Bahia pra ter lan house com música ao vivo!

E a loja de roupas femininas com a faixa: "Temos os últimos modelos de Ana Maria Braga".

E um bar na esquina da praça onde os homens, bofes de calção e regata, ficavam sentados virados pra rua com as pernas abertas. Apelidei de Beco do Chupa Pau!

A Sky lá de casa quebrou.

Brigas e discussões. Nunca mandavam um técnico para consertar. Depois de muita briga, tudo foi resolvido. Mandaram logo quatro!

Um entrou pra consertar. E os outros três ficaram no terraço conversando!

Estava no supermercado Fonseca quando apareceu um hippie. Entrou e apareceu de volta no caixa com uma vela. Uma! Uma vela! Na era da tecnologia.

Em 2011! Uma única vela!

Um gay é espancado até a morte na praça em frente a agência do Bradesco!

Nossas vizinhas eram um casal de mulheres. Da Polícia Federal! Estávamos protegidos!

Uma era da inteligência e a outra campeã de tiro!

Foram até chamadas para a equipe de segurança do Papa, no Rio. Elas me disseram: "Fica com o nosso celular, qualquer coisa a gente sai atirando".

Elas apagavam a luz do poste no tiro! Nos davam muito coco. Dos seus dezoito coqueiros. Eram muito fofas! E eu me sentia seguro! Era como ter uma escolta!

Por sorte nossa, na praça havia o restaurante Mar Aberto! Comida baiana! Guia Quatro Rodas! Existia desde sempre!

Havia um terraço no fundo dando para o mar. Cheio de barcos coloridos. Parecia Van Gogh! Era badalado!

Fui almoçar com Heitor Reis, então diretor do MAM da Bahia, e ele queria uma coisa leve: pediu uma moqueca de arraia.

Dona Dora, mãe da Joyce Pascowitch, bateu duas moquecas em seguida!

Regina Casé não passa por Arembepe sem almoçar no Mar Aberto!

Zé Celso do Teatro Oficina entrava e saía. Demonstrando intimidade com o lugar! A especialidade era comida baiana, mas eu pedia bufê kids: macarrão na manteiga!

Duas amigas, Nil Santos e Claudia Giudice, abriram uma pousada de charme chamada A Capela. Existia, na entrada, uma capela antiga caiada de branco. Parecia a Grécia de *Mamma Mia*.

Nil é baiana e produtora, arretada. Claudia, paulista, trocou seu cargo na Editora Abril para viver entre o mar e as pedras!

Encontrei muitos jornalistas amigos na piscina. E elas faziam uma coisa que eu adoro, uma comida baiana que não se acha mais nos restaurantes, uma comida de casa do interior: mal-assado!

Eu lembro do cheiro do mal-assado. Um rosbife baiano. Mas não pode dizer que é rosbife!

Alugavam a pousada para grandes casamentos. Justamente por causa da capela e da paisagem!

Muitos queriam se casar na pousada, mas desistiam porque os convidados teriam que passar pela aldeia. E passar pela aldeia era coisa de pobre!

Quando via da estrada aquela penca de palmeiras, eu sabia que estava chegando em casa!

Acordava às cinco horas!

Atrás do condomínio havia um lago imenso. Ficava no terraço observando as garças, as seriemas chegando para beber água. A natureza acordando!

O homem acordando arrumando seu burrico embaixo da árvore que estava acordando!

Quando a lagoa secava, virava uma savana. Parecia a África!

O grande jornalista polonês Ryszard Kapuściński escreveu o melhor livro sobre a África, *Ébano*, e termina assim seu livro: "a África é linda ao amanhecer".

Arembepe é linda ao amanhecer!

O Brasil é lindo ao amanhecer!

2016!

Vendemos a casa. Eu e Gustavo resolvemos vender a casa!

Nossa vista para o mar foi substituída pelo paredão de um flat de italianos!

Nosso vizinho da direita construiu uma pista de skate para os filhos. Bem embaixo da janela da nossa suíte!

Uma mulher construiu um casarão na beira da lagoa. Que era proibido, área de nascente!

A explosão imobiliária. O litoral brasileiro está todo assim! Mas a praia na frente da casa continuava lá, impávida!

Era Projeto Tamar. Onde as tartarugas vêm desovar e tempos depois saem as tartaruguinhas correndo pro mar. De madrugada!

Arembepe continua lá!

Paulo Borges, até hoje, depois da Fashion Week vai pra Arembepe se reenergizar.

Graça Borges ficou de vez, adotou uma baianinha e me recomenda chá para dor na lombar.

Patricia Casé e Aninha Franco também venderam a casa. Queriam outros ares!

2018!

O designer gráfico Gringo Cardia, incentivado pela prefeitura de Camaçari, organiza, revitaliza e cria o Parque Ecológico Aldeia Hippie de Arembepe!

Um museu a céu aberto! Tudo preservado!

Ligo pra Pinky: "Pinky, a aldeia hippie virou museu!".

"Nós também!", respondeu ela!

15. Itapuã:
Uma *love story* baiana

Vivi trinta anos com Antonio Salomão!

Tudo começou no Largo Dois de Julho, Salvador! Em 1974!

Ele parecia São João Menino!

Era de Jequié, no interior da Bahia, na porta do sertão!

Me contava que na fazenda matavam galinhas de angola no tiro!

Tudo começou no Largo Dois de Julho!

Waly Salomão, seu tio, me emprestou sua casa em Itapuã para passar um tempo, mas tinha que pegar a chave na casa do sobrinho, no Largo Dois de Julho!

Toquei a campainha e ele apareceu. Tocou o sininho na minha cabeça!

Convidei para aparecer em Itapuã. À noite ele apareceu, de motoneta!

Estendemos um pano na porta de casa, por cima da areia, e dormimos vendo estrelas!

Ele contou a um amigo em comum: "Nunca pensei em ter um caso com um homem, a não ser com o Simão".

Em São Paulo, não parava de pensar nele e contei para um amigo: "Nunca pensei em ter um caso com um homem, a não ser com Antonio".

Voltei para a Bahia!

O Largo Dois de Julho era o único lugar em Salvador que se encontrava sapoti. Sapoti é uma fruta de casca vermelha e branca por dentro, carnuda!

Itapuã, 1974!

Quando chegávamos bêbados ele fazia moqueca de ovo!

De dia catávamos flores tropicais na lagoa de Pituaçu! Jardim do Éden! A *love story* baiana!

Em Jequié tinha uma travesti chamada Zé Bolinha.

Zé Bolinha foi pra Nova York. E ficou de caso com um mafioso. Voltou pra Jequié mulher e milionária.

E deu pra todo mundo que ela queria há anos!

E todos comeram sem saber que estavam comendo o Zé Bolinha!

Isso é Tieta! É Jorge Amado!

Jequié!

Eu estava na janela e o locutor do rádio veio de bicicleta e me convidou para fazer um striptease na casa dele!

Como discursou Waly Salomão num almoço em família: "Se bicha fosse bala e maconha fosse fuzil, Jequié faria a revolução no Brasil!".

Viemos para São Paulo!

Em cinco minutos, o baiano virou paulista. Era um baiano ligado em 220!

Virou tão paulista que, quando chegávamos no nosso apartamento na Bahia, na Ladeira da Barra, ele chutava a parede: "Nessa terra nem celular carrega".

Eu, paulista, era o baiano.

Ele, baiano, era o paulista!

Nizan Guanaes o tinha convidado para ser colunista de entretenimento para o antigo portal IG. E aí nunca largava o celular!

Estávamos passeando no nosso barco *Macaco Simão* e ele gritou pro marinheiro: "David, temos que voltar! Adriane Galisteu está dando uma festa na Praia do Forte!".

Eu ficava puto, mas ria!

Eu ria muito com Antonio Salomão!

Um dia ele comprou um SUV! Perguntei:

"Porque comprou um carro tão caro?"

"Porque todo mundo tem!"

Esse "todo mundo tem" virou expressão em casa. Vamos comprar um pássaro de louça pra botar na estante. Todo mundo tem!

No Marrocos, ele saiu em defesa das mulheres!

Brigava com nosso motorista: "Cuidado! Você não tá enxergando a menina de motoneta? Você vai bater nela". Batia a porta do táxi. Apontava o dedo!

Um homem tentou dar um tapa na esposa. Antonio desceu do táxi e apontou o dedo!

Na praça El Jafnar, um vendedor marroquino jogou um macaco amarelo nos meus ombros. "Tira esse macaco daí! Vamos ter que ir para Paris tomar vacina!" E todos gostavam mais dele que de mim!

Waly Salomão, seu tio, vinha pra São Paulo dar uma palestra. Ligou pra saber se podia dormir lá em casa. E Antonio: "Não, porque você estressa o cachorro!".

Ao contrário de mim, Antonio detestava países pobres e dito exóticos. Gritava em frente à TV: "George Clooney está em Veneza e eu micado em Istambul!".

Eu ria muito. A gente ria muito!

Antonio morreu em junho de 2006.

Vendi o barco!

Meses depois, nosso marinheiro e amigo Davi estava pilotando o ferryboat *Maria Bethânia*, teve um colapso cardíaco e caiu fulminado no chão! Era o fim de uma era!

LUTO!

A relação com o invisível!

Vivi trinta anos com Antonio Salomão. Uma manhã ele morreu!

Continuei conversando com ele!

Minha amiga Luiza Olivetto disse: "Você está tendo uma relação com o invisível".

Depois do velório, pedi para Astrid dormir em casa. Quando acordei com ela ao lado na cama, disse: "Fiquei viúvo, mas não virei hétero". Rimos!

Chorei por quatro meses. Anorético e disléxico. Amigos me davam pedacinhos de pizza na boca!

Fui ao Sírio pedir a conta da internação para mandar para o plano de saúde.

"O senhor é parente?"

"Não!"

Naquele tempo nem se falava em casamento homoafetivo!

"Então não pode ter acesso, só parente."

Eu não era nada. A gente não era nada porque a sociedade da época decidiu que a gente não era nada!

A família veio de Jequié buscar as coisas dele. Levaram até casaco de neve!

Na sala, falei pro Antonio invisível: "Em Jequié neva, né?". Rimos!

Graça Borges levantou os braços e bateu palmas: "Aeroporto! Tá na hora do aeroporto". E lá se foram.

Com o casaco de neve. Que eu queria deixar guardado!

16. Rose, Neide e Ura:
Três vidas bem brasileiras

Três amigas que jamais esquecerei!

Rose da Mangueira!

Hélio Oiticica me apresentou Rose da Mangueira! Estávamos numa laje.

Hélio, quando subia o morro, escondia a cabeleira num boné marrom, tipo motorista de táxi!

Eu e Rose ficamos amigos. Tipo grude!

Ela foi minha professora de malandragem. Rose era uma gazela!

Como dizia o Hélio: uma gazela do Harlem!

Ela me chamava de Suzette! Suuuzette, batendo as mãos na perna. Ela apelidava todos os amigos com nomes femininos. Bem pintosos, de zoeira!

Ela quem me ensinou primeiro a expressão "aliban".

Que em iorubá quer dizer os ômi, a polícia. Expressão muito usada no mundo que o mundo chama de submundo.

Me levou a um baile no Estácio. Perguntei sobre as mulheres. "TUDO PUTA", ela gritou. Com orgulho.

Rose namorava com Zezinho. Um boyzinho branquinho, filho do dono da farmácia. Um dia ele chegou armado. Rose abriu a blusa e gritou: "ATIRA!". Ele chorou!

Certo dia fui convidado para uma festa no Leblon, na cobertura de um publicitário. Só vou se for com a Rose!

Ela apareceu toda de lamê preto com uma boina de lamê preta. Whitney Houston!

Cheguei na festa com a Whitney Houston. Causamos!

Ela alugou uma mansão na Ilha do Governador. Só pra descer as escadas. Eu dormia no sofá, no primeiro andar. Ela descia as escadas e dava uma paradinha tipo modelo da Chanel, só de zoeira.

Rue Cambon na Ilha do Governador!

Ela me contou que no primeiro desfile da Mangueira foi uma bagunça maravilhosa!

Ela saiu do seu carro fantasiada de egípcia pra namorar um romano em outro carro. Era Carnaval!

Neide do Zanzibar!

Minha amiga. Era um menino!

Vivia vestida de marinheiro: calça branca e um boné branco em forma de canoa! E preta como a Bahia!

Ela era dona do bar Zanzibar, em Salvador.

Point de artistas e maluquetes!

Eu e Antonio Salomão íamos toda noite. Uma noite não aparecemos e Neide ligou:

"Vocês não vêm?"

"Estamos de pijama."

"Vem de pijama mesmo."

Fomos!

Assim era o Zanzibar! E olha o nome: Zanzibar! Era um nome tão forte que demorei um ano pra descobrir que era um trocadilho!

Eram quatro irmãs: Ana Célia, Neide, Danda e Ura!

Moravam na parte de baixo do bar. Menos Ura! Que aparecia na hora do almoço possuída por Iansã. Mas ninguém acreditava. Era encrenca mesmo!

Neide gostava de tênis. Comprou um All Star preto cano longo e passou o dia inteiro repetindo: "Olha pra esse tênis, bicho".

Ela era a alma do Zanzibar! Metade das pessoas iam por causa dela. Gil compôs uma música, "Lady Neide".

No Zanzibar, na semana de Santo Antônio, Ana Célia montava um altar dentro do bar. Para a trezena. Mas o bar continuava funcionando!

Elas rezando e Neide no balcão estourando tampinha de cerveja. "Santo Antônio, rogai por nós!". E PAF, cerveja! Isso era a Bahia.

Neide era amiga de Mônica do Gantois, neta de Mãe Menininha!

Ela tocava bongô. Passávamos para pegá-la. Uma noite, era noite em que as baianas do terreiro ficavam todas de branco vagando pela praça do Gantois, eu tinha medo. Ela dizia: "Deixa de ser frouxo, bicho".

Danda levou Antonio para o candomblé do Bate Folha. Nunca fui.

Viemos para São Paulo. De carro!

Eu, Antonio e Neide!

Quando ela viu São Paulo, se escondeu atrás do banco do carro!

No início da década de 1980, abrimos uma filial do Zanzibar em São Paulo. Em Pinheiros. Um sucesso! Toda noite lotado! Batida de gengibre!

Queria que Neide ficasse em São Paulo. Ela se recusou. Não tinha jeito! Neide gostava da Bahia porque a Bahia gostava que ela gostava da Bahia porque realmente ela gostava da Bahia.

Mas aí apareceu uma loira! E elas foram embora pro Rio. E abriram um bar em Botafogo!

Ura do Ilê!

Um dia encontrei com Ura em frente ao Teatro Castro Alves, Salvador. "Hoje vou abortar, não aguento mais tanto filho." E eu:

"Não faça isso, onde comem três comem quatro". Ela teve uma menina. Eu fui o padrinho!

Ela escolheu para o batizado a Igreja da Ribeira no dia da Festa da Ribeira!

Como é comum na Bahia, a igreja estava com as portas abertas por causa do calor. A gente no altar e a batucada comendo forte lá fora! A gente nem ouvia o padre!

Saímos e comemoramos enchendo a cara de cerveja. Na Festa da Ribeira.

Um dia fomos para Itapuã de carro, pela orla. E uma das filhas dela, de sete anos, botou a cara pra fora da janela, cabelos ao vento, e cantou "All By Myself". À capela.

No banco de trás, chorei. Esse era o Brasil que eu tanto amava!

Ura era uma das fundadoras do Ilê e nos convidou para o primeiro baile do Ilê Aiyê!

Fomos hostilizados! Gays e brancos!

Ura se postou na nossa frente, botou as mãos nas cadeiras e gritou: "O que é, hein, seus bundas!". Aproveitamos o baile em paz!

Ura virou evangélica. Ela deu o relógio da família pra igreja. Irmãs furiosas!

Fui visitá-la no Curuzu, na Liberdade. Ela me recebeu constrangida. Ali no fundo, um homem mal-encarado de terno e gravata e o relógio no pulso. Era o marido pastor!

Perguntei:

"Ura, e o Ilê?"

"Ah, quando bate o tambor, ninguém me segura."

17. A Mulher Gorila!
A Mulher Serpente!
E a Malévola!

Sou fascinado por três mulheres: a Mulher Gorila, a Mulher Serpente e a Malévola!

A Mulher Gorila!

Itapuã, 1973.

Vamos ver a mulher GOLIRA?

Em Itapuã era assim. Todo mundo ia ao circo para ver a Mulher Gorila. Mas eles falavam GOLIRA!

E nunca a Mulher Gorila foi tão Mulher Gorila quanto a Mulher Golira!

Itapuã, 2011!

Vamos ver a Monga, a Mulher Gorila?

Não existe nada mais fascinante que uma mulher de biquíni, a luz esvanecendo, ela vira um GORILA! Se debatendo contra as grades!

Em Arembepe fizeram uma inovação!

Um cara caía do teto fantasiado de gorila. E todo mundo saía correndo, rindo de alegria e nervoso.

Observação: a Mulher Gorila era um bagulho!

Mulher Gorila não tem que ser bonita. Tem que topar! Tem que precisar ganhar quinze reais!

Meu amigo foi proibido de filmar pelo celular. Aí ele mostrava pra cidade toda. E acabava a atração da atração: o mistério!

Mulher Gorila assassinada a facadas no Circo Shangai!

E ela não se chamava Monga. Se chamava Magali!

Pra compensar que nunca mais vi a Mulher Gorila, entrei num ônibus na Praça da Sé que exibia coisas esquisitas. Vi um bezerro com duas cabeças!

A Mulher Serpente!

São Paulo, 1956!

Quando eu era menino era apaixonado por uma atriz de Hollywood chamada Maria Montez!

Era dominicana, só fazia papéis exóticos. E estava sempre maquiada!

Corria a cavalo pelo deserto e não mexia um fio de cabelo!

Todos os filmes dela eram passados na Polinésia. Para Hollywood, todas as ilhas exóticas ficavam na Polinésia!

Eu era apaixonado por filmes passados em ilhas exóticas. Onde mulheres se atiravam no vulcão em sacrifício aos deuses!

Maria Montez rodou um filme chamado *Alma satânica*!

Pronto! Me apaixonei totalmente!

Uma mulher vestida com escamas de serpente!

O filme em inglês se chamava *Cobra Woman*! "A Mulher Cobra"! A Mulher Serpente! A Mulher Fatal!

Se fosse hoje, apesar da beleza, eu ia chamá-la de A Mulher Fake!

A Malévola!

São Paulo, 2017!

Angelina Jolie não tem cara, tem ângulos!

Ela é angulosa!

A mulher mais linda do mundo nunca fez um filme que preste!

Um amigo era apaixonado pelo videogame da Laura Croft! Jogava tanto que saía do quarto com os olhos esbugalhados!

Angelina Jolie é a Malévola!

Eu fui à pré-estreia de *Malévola*. Bafo!

A sala de espera lotada de drags vestidas de Malévola comendo pipoca! A Malévola não come pipoca. A Malévola voa!

A Malévola voa pela tela! No primeiro voo da Malévola, me apaixonei. Acompanhei hipnotizado os voos da Malévola. Toda de preto!

Sinistra e elegante com uma pele verde e chifres de diabo. Pra mim, a mulher ideal!

A Malévola tem asas negras!

A Malévola vai ao banquete para ser apresentada à família do noivo da filha. Ela se senta com aquelas enormes asas negras. A melhor cena do filme!

A Malévola defende seu reino da invasão dos humanos.

Os humanos se fantasiam de Malévola para o Halloween!

Mercado Livre! Fantasia de Malévola: R$ 329,00!

18. Televisão:
As novelas que vivi

Uma amiga diz que prefere novela que teatro: "Teatro é um monte de gente viva!".

Ela não estava mais acostumada com gente viva. Ela estava acostumada com Malu Mader de vermelho em *Celebridade*!

Quem matou Odete Roitman? Não lembro. Não sei! Não interessa. O que interessa é a pergunta, não a resposta!

Encontrei com a Odete Roitman no supermercado Santa Luzia!

Ela chegou bem perto de mim e disse: "Você continua mauzinho, eu te odeio". Tive um *upgrade* no currículo: Odete Roitman me odeia!

A primeira novela que vivi foi uma radionovela, no interior de São Paulo, terra do meu avô, em São João da Boa Vista, Cidade dos Crepúsculos Maravilhosos.

Todos os dias minhas tias se reuniam para ouvir *Jerônimo, o herói do sertão*!

Radionovela, ou seja, só vozes. Tinha que dar asas à imaginação!

Eu ficava imaginando como seria o Jerônimo, feio, alto, bonito, garanhão.

Todo mundo tinha o seu próprio Jerônimo! Hoje colocariam o Cauã Reymond e pronto!

Minha tia resolveu lavar louça na hora da radionovela. A pia ao lado do rádio! Ela quase foi assassinada pelas irmãs. Foi o primeiro "quem matou" da história das dramaturgias: "Quem matou minha tia?".

"A moça que vinha de longe"!

Para provar que a moça vinha de longe, havia o seguinte diálogo: "Vamos pedir uma pizza". E ela, a moça que veio de longe: "Pizza, o que é pizza?".

A escrava Isaura!

Me apaixonei pela Lucélia Santos! Mesmo!

Vivi os dramas e as alegrias de uma escrava branca. A novela alcançou sucesso internacional.

Os pais de um amigo foram visitar a Rússia e numa pequena cidade no interior os habitantes estavam fazendo uma vaquinha para libertar a escrava Isaura!

Surge a televisão em cores!

Janete Clair lança *O astro*. Com Francisco Cuoco usando um turbante VERMELHO!

Passei dias sem sair de casa, deitado no chão, fascinado por aquela mancha vermelha se mexendo pela tela. Acho que foi minha primeira experiência psicodélica!

Janete Clair era pragmática. A novela não estava agradando, então ela inventou um terremoto e matou o elenco todo!

Dancing Days!

Era a gente! As Dunas da Gal. A boate do Nelson Motta, o Frenetic Dancing Days Discotheque, no Shopping da Gávea. As Frenéticas!

As Frenéticas já ficaram em minha casa. O elenco era os amigos da praia.

Novela era uma coisa considerada careta. Mas com *Dancing Days* toda a contracultura assistiu!

Todos os chapados dançaram ao som da vinheta, as Frenéticas!

Toda garota de Ipanema queria ter aquela meinha colorida que a Sônia Braga usava com uma sandália dourada!

Sônia Braga era translumbrante em *Dancing Days*. Sônia Braga é translumbrante em *Bacurau*!

O Clone.

Rodada no Marrocos!

Glória Perez carnavalizou o Islã!

O elenco passou a novela toda dançando em trajes típicos. Uma amiga estava voltando de Porto Alegre com o filho, o avião sobrevoando a periferia de São Paulo, quando o menino gritou: "Mamãe, olha o Marrocos!".

Caminho das Índias.

Foi tão animada que fui até processado pela Juliana Paes! Lavaram a Índia com xampu! A vaca não cagava na rua!

O poder da novela: o netinho da Luiza Olivetto de três anos entrou na sala gritando: "Are Baba! Are Baba!".

E no interior do Maranhão eu vi uma menina com uma pinta vermelha de indiana na testa! Encostada na cerca, uma mini Juliana Paes. As amigas imitaram. A aldeia acorda com cem meninas com uma pinta vermelha na testa!

O poder das novelas! As famílias, poucas, depois muitas, começaram a achar natural um casal de gays!

Avenida Brasil.

Dedo no cu e gritaria! A volta da grande audiência. A volta do "depois da novela a gente se encontra!". Eu que esculhambei tanto a Adriana Esteves no início da carreira fiquei siderado pela Carminha.

A melhor fala final da derrocada de vilã. Carminha pro taxista: "MEU LUGAR É NO LIXO. TOCA PRO INFERNO, MOTORISTA!".

Um dia esculhambei a novela e o Zé de Abreu me passou uma mensagem: "Você vai se mudar pra Veneza como o Diogo Mainardi?". "Não, vou continuar na Avenida Brasil." Rimos!

Manoel Carlos inventou a novela com ar-condicionado. Leblon!

Gilberto Braga inventou o vilão: Reginaldo Faria da janela do avião dando uma banana para o Brasil!

Renata Sorrah inventou a Nazaré, a primeira vilã cômica! A Nazaré virou meme!

De repente, as novelas viraram naturalistas demais! Sem graça! Viraram água de salsicha!

Entra em cena um homem com um carrinho de bebê: "O passeio foi lindo, ele é muito fofo". E a mulher sentada no sofá: "Ele é muito fofo mesmo".

Aí eu desliguei.

Pra sempre!

O que foi muito doloroso para um noveleiro raiz!

19. Os anos do rock: Minha vida era dançar!

O rock nasceu com os pretos!

O filósofo político Frantz Fanon disse que as minorias são reprimidas muscularmente. Aí os pretos fizeram aqueles bailes de rachar o chão!

Elvis frequentava esses bailes!

Meu primeiro contato com o rock foi com Elvis Presley numa TV preto e branco. Elvis nem sabia que fazia aquele gingado com as pernas tipo "vou te comer" que enlouquecia as meninas!

Era apenas para marcar o ritmo da música. Depois ele se hollywoodificou e virou um sedutor barato. Nunca mais vi!

Depois vi na TV uma roqueira muito louca de saia rodada, que pulava e dançava nas capotas dos carros. Um vizinho estava em casa e gritou: "Essa mulher não tem pai nem mãe?".

Gingado de guitarrista que vem escorregando até a beira do palco enlouquece o planeta!

Minha amiga Paula Mattoli era namorada do Branco Mello, dos Titãs.

Ela tinha um apartamento enorme no Conjunto Nacional. Virou o point dos roqueiros!

Os Titãs estrearam no Sesc Pompeia em 1982!

Nove meninos!

Eu emprestei uma camisa estampada pro Branco!

Aonde eles iam, íamos atrás!

Começou minha vida de roqueiro! Eles usavam figurinos da Kaos Brasilis e a mulher do Bellotto cortava os cabelos. Nasceu o rock paulista!

Colégio Equipe!

Serginho Groisman organizava shows no pátio da escola!

Shows espetaculares de vanguarda!

Todos queriam ir. Não tínhamos nem convite nem dinheiro. Aí escalávamos os muros e entrávamos por uma sala de aula, que dava acesso ao pátio.

Os clandestinos!

Uma noite encontramos a porta da sala trancada. Ficamos presos na sala. Desarmados, sem noção, a surpresa da porta trancada!

Outra noite pulamos para dentro da sala e demos de cara com o Serginho Groisman, que nos deixou entrar. E dançamos, dançamos, dançamos!

Minha vida nos anos 1980 era dançar, dançar, dançar! O rock nos libertou!

A pista! Dedo no cu e gritaria!

Eu era roqueiro de pista! Roqueiro de pista é rockista!

A pior coisa para um rockista é um amigo dizer: "Você se lembra do vexame que deu ontem?". Rompa a amizade imediatamente!

Uma amiga namorava o Clemente da banda punk rock Os Inocentes. Formada por ex-integrantes de duas bandas da periferia: Restos do Nada e Condutor de Cadáver.

Eles faziam guerra de pão nos restaurantes. Íamos almoçar e era pão voando pra tudo quanto é lado.

Gostavam de contar piada a noite inteira!

Essa minha amiga tinha um apartamento no Guarujá. E nos convidou, eu e os Inocentes, para passar quatro dias. Na ida paramos no supermercado e ela saiu com cinco pacotes de arroz. Só isso!

Perguntei por que os cinco quilos de arroz, ela respondeu: "Pra fazer risoto". Com caldo Maggi! Passamos quatro dias comendo risoto. Achei que era preconceito, porque era banda de periferia. Não era. Ela também não tinha dinheiro!

Em Brasília, Renato Russo e Legião Urbana cantavam "Que país é esse?"!

1983!

O DJ Marcão Morcef, meu amigo, tinha um brechó. Universo em Desfile. E me convidou para desfilar no Madame Satã, no bairro do Bexiga, São Paulo!

Madame Satã era uma casa noturna dark, gótica, animada e deliciosa. Topei!

Naquela época eu ainda não tinha pânico de palco. Aliás, pânico de nada. Só de gente careta!

Desfilei de calça culote, gravatinha borboleta e maquiagem de Coringa. Adorei!

Modelo devia ganhar por passo! Um amigo tinha caderneta no Madame Satã, tipo caderneta de padaria!

1984!

Dedé Veloso, na época mulher de Caetano, abre a discoteca Radar Tantã no Bom Retiro.

Os amigos vieram. Amigos, artistas, celebridades. Era o bafo da cidade!

1984!

Quando Cazuza estourou, eu morava na Bahia. Numa das minhas vindas ao Rio, nos olhamos. E foi isso.

Anos mais tarde, já doente, ele deu um show no Palace. Fui vê-lo no camarim, conversamos no sofá. Ele gostava das minhas colunas na *Folha* e eu adorava as músicas dele.

De repente, a porta se abre e uma multidão de fotógrafos. Fugimos para a sala de maquiagem.

No palco, a aids e o rock gritavam "Brasil, mostra tua cara!".

Menino gênio e endiabrado. Ele tinha cem anos! Até hoje penso muito em "O tempo não para"!

Uma noite, no Aeroanta, Marisa Orth estava distribuindo um troféu não lembro de quê. Subi ao palco para pegar o meu.

Estava tão bêbado que peguei o troféu e atirei no público. Ainda bem que não era de pedra. Acho!

Anos 1980!

Dançar, pular e cantar junto!

Até hoje é assim nos shows. Mas não havia celular. Não havia aquela multidão de luzinhas!

Em 83, na boate Hong Kong, vi a estreia do Barão Vermelho em São Paulo!

"Luiz Inácio e os Trezentos Picaretas." Expressão usada por Lula nas campanhas para se referir ao Congresso. Quando assumiu o poder se reconciliou com uns quase trezentos!

Aí apareceu o deus, o diabinho, um menino que tinha a ponta da língua quebrada: Mick Jagger! Eu queria ser o Mick Jagger! Eu pintei a boca de vermelho. Eu me vestia como ele!

Mick Jagger teve um filho com a Luciana Gimenez. O menino morava em São Paulo.

Eu tinha uma amiga dinamarquesa alternativa, bem anos 1970, que era diretora do Colégio Inglês. A secretária falou: "Tem um pai de aluno querendo falar com a senhora". "Manda entrar." Era o Mick Jagger. Ela desmaiou!

Adoro os nomes das casas noturnas: Radar Tantã, Hong Kong, Madame Satã!

Já contei que achava que aquele movimento estudantil Libelu (Liberdade e Luta) era o nome duma boate do Nelsinho Motta!

Itamar Assumpção, Arrigo Barnabé, Novos Baianos, Alceu Valença. Tudo para nós era rock!

Drogas! Tomei todas! Detestei todas!

Na capa do LP dos Stones tinha um aviso: "Play It Loud". Toca alto! Eu "playava loud". Hoje, dia 28 de outubro de 2021, tenho exame de audiometria!

Roqueiro tem que quebrar quarto de hotel. Roqueiro tem que se atirar na piscina de roupa. Roqueiro não pode dar entrevista na televisão sem falar uma merda sequer!

Roqueiro velho é careca na frente e tem cabelo comprido atrás. Careca com rabo de cavalo!

Hoje tem roqueiro reacionário!

Conta a piada que no show dos Stones tem um aviso: favor desligar os marca-passos!

Keith Richards virou meme!

Ozzy Osbourne comia morcego!

Hoje Ozzy Osbourne é vegano!

Virei abstêmio. Não tomo nem um gole de champanhe no réveillon!

O que você fez nos anos 1980?

DANCEI!

Só me lembro de uma multidão balançando as cabeças!

O rock é assim!

Balançar a cabeça!

O marido da minha vizinha de baixo tinha uma banda. Em dia de ensaio, ela tocava o interfone:

"Desculpe o barulho!"

"Desculpe nada! TOCA MAIS!"

20. Aí eu entrei na *Folha*!

Entrei na *Folha de S.Paulo* quando a última tecnologia era o radinho de pilha!

Novembro de 1987!

Fazia a coluna numa máquina de escrever Olivetti. Um motoboy ia buscar e levava para a *Folha*! O motoboy chegava e a coluna nunca estava pronta!

Chega a internet!

A *Folha* manda um técnico instalar a internet na minha casa do Ibirapuera. "Pronto, você está conectado ao mundo." Acabou a luz do bairro!

Eu sou do tempo do Chiquinho, um funcionário que imitava a Carmen Miranda. Quando me via, começava a imitar Carmen Miranda. Eu saía do elevador, gritava "Chiquinho"!

E ele às gargalhadas começava a imitar Carmen Miranda!

Marion Strecker Gomes me convida para trabalhar na edição da "Ilustrada"! Eu e o hoje filósofo Márcio Suzuki! Experiência zero! Márcio só olhava pra minha cara e ria.

Existe em jornal uma coisa chamada centimetragem. A matéria tem que caber naquele espaço. Minha primeira missão: adaptar os signos do horóscopo. Aí, em vez de adaptar a centimetragem, eu cortava pedaços do signo. Para caber no espaço!

"Leão: hoje receberá grandes novidades no campo espiritual." Eu cortava! Coitados dos leitores que acreditavam em horóscopo!

Eu era o Mr. Bean da redação!

Um dia chega um redator com óculos fundo de garrafa, gritando pra mim: "Fechamento! Fechamento!". Não tinha a menor ideia do que era fechamento!

Só fiquei olhando pra figura: ele tinha vindo de Marte ou do fundo do mar?

O artista Geraldo de Barros tinha um sítio.

A filha Lenora de Barros é casada com Marcos Augusto Gonçalves, da *Folha*, e se tornou editora de arte do jornal.

Ela convidava os meninos da "Ilustrada" para passar o fim de semana no sítio. Víamos televisão e eu comentava tudo o que via. Eles gostavam, riam!

Matinas me convida para escrever uma coluna de televisão. Aí entreguei a primeira coluna bem careta: "Os monstros sagrados Paulo Autran e Fernanda Montenegro".

Matinas: "Nããão, é pra você escrever como fala lá no sítio". Entreguei a segunda, pura esculhambação. E ele: "É isso, mas não vai brochar amanhã, hein?".

Há 37 anos que não brocho!

Comecei escrevendo sobre novelas. Quando davam 85% de audiência!

Havia um banquete para o Kissinger no Planalto! Que coincidia com o último capítulo da novela. Na hora da novela todos se levantaram e correram para a frente da TV para saber quem matou Salomão Ayala!

E Kissinger, um dos mais influentes políticos mundiais, ficou lá sozinho naquela imensa mesa de banquete. O que importava era saber quem matou Salomão Ayala!

Assisti ao último capítulo de *Pecado capital* com um grupo de amigos. Na cena final com Francisco Cuoco e Betty Faria, todos se levantaram e bateram palmas!

Collor confisca a poupança! Zélia Cardoso de Mello anuncia o plano econômico pela televisão!

Tenho que escrever sobre isso. Era a novela da vida real! Percebi que os telejornais são mais empolgantes do que novelas. Personagens mais inesperados. Situações bizarras! Começo a escrever sobre política.

De repente, estoura o caso Clinton com Monica Lewinsky. Bill Pinton e Monica Chupandowinsky. Salão Oral!

Todo mundo só queria saber onde estava a porra da mancha de porra no vestido dela. Começo a escrever sobre sexo. Escândalos!

Tudo conspirava a favor do estilo da minha coluna: Esculhambação! Humor! Piadas verídicas!

Todos os domingos reunia uma turma enorme de amigos lá em casa para assistir futebol.

Eu sou são-paulino. Mas eu queria ser corintiano. Não combina muito comigo, mas queria ser corintiano. Mas você não pode mudar de time. Pode até mudar de sexo, de time nunca!

Começo a escrever sobre futebol.

Sou são-paulino do tempo do Ceni. O Ceni começou a jogar no São Paulo quando o Sarney era vereador!

Hoje nem assisto mais futebol. Motivo: quando você consegue decorar o seu time, todos os jogadores já estão em outros times!

A *Folha* tem fama de ranzinza. Uma diretora da Globo me disse: "A *Folha* até quando te elogia te fode".

Jânio de Freitas deu um *upgrade* na minha coluna. Sugeriu trocar o nome de "Televisão", que não fazia mais sentido, pelo meu nome: José Simão!

E aí meu nome apareceu no alto da página. José Simão! Me senti um astro da Broadway. Com o nome lá em cima, no alto, luminoso!

Quando escrevia sobre novelas, dei um tempo em outro caderno! Seu Frias, o dono, desceu para a redação do jornal: "Nessa novela tá todo mundo comendo todo mundo, cadê o Simão?".

Conheci Luiz Frias menino. De cabelo rebelde. Ele tinha uma banda de rock!

Há muitos anos que escrevo de casa! Os colunistas escrevem de casa! Há trinta anos aperto a tecla enviar, zuuuuum!

Eu tinha um fox terrier que quando ouvia o barulho de enviar já aparecia com a bola na boca. Agora ele já pode brincar!

Posso escrever de Pinheiros ou da Finlândia, para a *Folha* não tem a menor importância. A coluna tem que chegar. Só isso! E pronto!

Escrevo de casa. Um dia resolvi ir até a redação. Não conhecia mais ninguém. Era como se desconhecidos tivessem invadido sua casa e passassem a morar lá! A *Folha* é a minha casa!

Logo do início da minha carreira, encontrei com Seu Frias, o pai. Gostava do seu Frias, bonitão, forte, rijo. Quando alguém ia pedir aumento, ele falava: "Pensa que cu de empresário é de borracha?".

Encontrei com seu Frias e ele me disse, segurando meus ombros: "Continue assim. Não vá mudar nunca". E eu continuei. Até hoje!

A "Ilustrada" nos anos 1980 era animada. Não era sisuda! Sexta-feira à noite: dia de folia. Gandaia! Vinha gente de fora se encontrar com a gente. E partir para a balada!

A *Folha* foi um celeiro de grandes jornalistas! Que partiram para outras mídias. Partiram para outras mídias quer dizer televisão!

Ligo na Globonews! Trabalhei com ele na *Folha*. Trabalhei com ela na *Folha*!

Aí veio a tragédia: Otávio Frias Filho morre!

Me sinto órfão!

Um sentimento de orfandade invade a redação!

Otávio era quem nos incentivava e bancava!

Um dia entra na sala do Otávio uma editora com minha coluna na mão: "Dessa vez ele passou dos limites". Otávio leu e escreveu um OK na página! Ou seja, liberada!

Você sabe que está velho quando a *Folha* comemora cem anos e você está lá há 34!

Desculpe o clichê! A *Folha* é a minha segunda casa!

Às vezes implico quando leio a *Folha*.

Fico balançando a cabeça: "Essa *Folha*! Essa *Folha*!".

21. Políticos:
A turma da tarja preta

Juscelino!

Do Juscelino uma única coisa ficou marcada na minha cabeça: uma foto de revista com ele tocando violão com as duas filhas. E a legenda: "Presidente Bossa Nova".

Minha família era contra a construção de Brasília: "Entra um caminhão de tijolo e na saída cobram dois". "Brasília só causou inflação."

Anos mais tarde, em Mikonos, na Grécia, repeti essa besteira para um grupo de hippies e desertores do Vietnã. Ficaram putos!

Brasília era uma cidade mágica, terra de discos voadores, mística! Me senti um idiota!

Fiquei com vergonha de nivelar a grandeza de Brasília a um momento econômico!

A primeira noite que passei em Brasília não consegui dormir. Não era insônia. Era eletricidade!

Tenho certeza de que Niemeyer foi abduzido por um disco voador e na volta desenhou Brasília!

Ninguém me convence de que Juscelino não foi assassinado pela ditadura num desastre de carro!

Tancredo!

Tancredo estava morrendo. Ia ter uma festa na Zoomp!

Uma grande festa da marca mais de vanguarda da época.

Fomos nos montar na casa de Jorginho e Aninha Kaufmann, fashion designers. Fiquei no sofá acompanhando os boletins médicos.

O pessoal lá dentro se montava. E só passava pela sala para pegar uísque. "Gente, o Tancredo está morrendo." E mais uísque.

Tancredo morreu! A festa foi cancelada! No dia seguinte fomos cedo para a avenida Brasil ver o caixão sendo carregado por uma multidão.

No Obelisco do Ibirapuera. Rumo ao aeroporto. Destino: Minas!

Pela televisão: tumulto em BH! O povo não queria largar o caixão, não queria desapegar, não queria acreditar, não era verdade.

Dona Risoleta foi chamada para acalmar os ânimos. E ela apareceu na sacada do Palácio da Liberdade, esquálida e fidalga! E gritou: "Mineiros! Mineiros!".

Sarney!

Só vi o Sarney ao vivo uma vez no almoço da *Folha*. Tinha cara de coruja empalhada!

O Sarney é imortal! Lançou dois livros: "O dono do Mar... anhão" e "Moribundos de fogo".

Quando Cabral invadiu o Brasil, o Sarney já era vereador!

Em São Luís era assim: você passa pela creche Dona Kiola Sarney, entra na avenida José Sarney, pega o viaduto Roseana Sarney, passa pela rotatória dona Marly Sarney e chega no colégio José Sarney!

Se um dia sair a notícia de que Sarney morreu é fake news!

Brizola!

Eu tenho uma camiseta escrito "Brizola Vive".

Quando eu disse na *Folha* que ia votar no Brizola todos me olharam com olhos arregalados. Acho que era o único paulista com essa intenção.

Eleição acirrada com Lula.

O poeta Waly Salomão me liga do Rio: "Achei um voto pro Brizola embaixo da pia". Vale!

Brizola perdeu e apareceu na televisão ensinando como votar no Lula: "Vocês tapam o nariz e votem no sapo barbudo".

Brizola era ótimo em apelidos. Apelidou o Lula de sapo barbudo e o Moreira Franco de gato angorá!

Brizola construiu um elevador na favela!

ACM!

O Cabeça Branca!

A Bahia é o único lugar em que as pessoas amam o Lula e o ACM juntos!

A mesma pessoa!

Eu vi o ACM pela primeira vez em Jequié, no sertão da Bahia. Estava tirando foto com os correligionários da região. Todos de cara fechada, solenes. Aí o ACM dá um beliscão e grita: "Sorriam, filhos da puta!".

A segunda vez foi na antiga Daslu: "Tudo bem com você na Ladeira da Barra?". Ele já sabia que eu tinha apartamento na Ladeira da Barra. Abin baiana!

Terceira vez nos encontramos no Baby Beef Rubayat, em São Paulo.

Ele se levantou e ficou acariciando minha cara como um avô. Meus amigos paulistas ficaram indignados! Respondo: "Eu sei que a mão que afaga é a mesma que dá um tapa!".

Vimos pela televisão o velório de seu filho Luis Eduardo. Em pé, ao lado do caixão.

Entra sua amante e companheira embaixatriz Lúcia Flecha de Lima e enxuga suas lágrimas com um lenço. Antonio Salomão ao meu lado, baiano, chorou! ACM era um coronel.

ACM violou o painel eletrônico do Senado!

ACM amava a Bahia!

Quando se elegeu prefeito chamou as baianas, as mães de santo, pra lavar a prefeitura.

Os viadutos para pedestres eram estruturas de ferro de Lina Bo Bardi!

Ele construiu um monumento em homenagem ao seu filho Luis Eduardo que morrera de infarto. O povo apelidou de Chorômetro!

O povo espalhou a lenda de que ele enterrou o coração do filho no monumento. O povo espalhou a lenda que ele tinha um irmão gêmeo preso numa masmorra com uma máscara de ferro.

Os petistas detestam a frase: "No tempo do ACM".

Maluf!

Diz que quando o Maluf aparece rouba a cena!

Estávamos na festa de um marqueteiro quando chegou o Maluf com os aliados. Sentaram num sofá em semicírculo como na Arábia Saudita!

Como a máfia! De repente, confusão. Um deles tinha passado a mão na bunda da dançarina do ventre!

Sua memória era fabulosa, quando me encontrava, dizia: "José Simão, 'Ilustrada', página L4".

Sua fama era uma péssima fama. Tinha até receita de frango à Maluf: primeiro você rouba o frango e depois faz como quiser!

Maluf foi condenado pelo conjunto das obras. Um dia ele falou pro seu Otávio Frias: "Se não fosse o Minhocão o senhor não chegaria tão rápido na *Folha*!".

Tem um amigo que votaria no Maluf até hoje por três motivos: rouba mas faz, mente mas não convence e é culpado mas ninguém prova.

Eu quase fui sobrinho do Maluf!

Minha avó, com aquela mania de libanês casar com libanesa, apresentou meu pai para a irmã do Maluf. Não foi pra frente!

No dia da posse do Fernando Henrique uma amiga cearense me disse: "Saudades do Brasil".

Os tucanos reclamaram que os hotéis em Brasília não tinham concierge.

Fernando Henrique lança o real! O Brasil aplaude! Pobres e ricos!

Eu bati palmas. Um real valia um dólar! Fui pra Miami três vezes!

Uma perua me disse: "Os pobres estão comendo até camarão".

Eu imito o Fernando Henrique no rádio: "Ôôô! Não é possíííível! Não é Chandon! Rosê! Trufas! Paris".

Fernando Henrique tem cara de rei no exílio!

Serra!

O Vampiro Brasileiro!

O Serra é macambúzio! Eu o apelidei de Vampiro Brasileiro.

Diz que o Serra acordou, foi se olhar no espelho e gritou: "Halloween de novo?".

Serra foi um ótimo ministro da Saúde, mas tem cara de doente!

O Serra não ganha pra presidente. Uma fonoaudióloga disse que o Serra só tem sotaque para dois estados: São Paulo e Paraná!

O Serra cortou o rabo do cachorro porque não suporta sinais exteriores de felicidade!

Acompanhei o Serra numa caminhada pelo centro de São Paulo. Pencas de fotógrafos o seguiam e ele entra numa loja de malas!

Eu estava num restaurante na Praia do Forte, a comida demorou tanto que cancelamos. De repente, a garçonete começou a chorar: "Vocês não gostaram de mim! Vocês não gostaram de mim!". "Não, meu amor, não é isso."

O Brasil é emocional. Chego em Salvador, abro o jornal e a manchete: "Serra faz um discurso racional". Perdeu!

Lula!

Na noite da vitória de Lula como presidente, chego em casa e encontro meu porteiro chorando: "Seu Simão, nós ganhamos".

Só ganhar já era importante, não precisava nem governar.

O Lula precisava só ganhar!

Eu gostava da dona Marisa.

Houve um panelaço em São Bernardo contra o Lula na casa do Lula.

Vaza um telefonema de dona Marisa para o filho: "Esses mauricinhos não têm mais dinheiro pra comprar apartamento em São Paulo, vem comprar em São Bernardo, eles que enfiem o cabo da panela no cu".

Uma psiquiatra me contou que no governo Lula ela atendia muitos pacientes da elite com perda de identidade! Pobres no aeroporto!

E a melhor placa contra o Lula: "O Karl Marx de Garanhuns!".

Temer!

O Vampiro! O Cramulhão!

Um vulto!

Temer age nas sombras, na escuridão das criptas.

Temer é casado com uma ex-miss quarenta anos mais nova. O que é uma TEMERIDADE!

Temer veio da Transilvânia. Uivos de lobos!

Temer era um vice decorativo que não queria ser decorativo. Tem a vaidade ferida! Amado Batista!

Temer dá um golpe! Picharam nas paredes Temer Golpista! Temer diz a Michelzinho: "Tome sua sopa antes que coagule!".

Alckmim!

Picolé de Chuchu. Eu inventei esse apelido pro Alckmim! Apelido que pega. Pegou!

Quando ele ganhou pra governador, colegas jornalistas me falaram: "Ele não é um picolé de chuchu". Mas picolé de chuchu não quer dizer uma pessoa fraca, mas sem graça. Sem sabor!

O Alckmin tem carisma de guarda-chuva. De sopa de hospital!

Alckmim foi pra Salvador em campanha. ACM reclama: "Agora vou ter que apoiar um desconhecido no Nordeste!".

Um amigo me chamou para o comício do Alckmin no Pelourinho. No início do comício, passou uma baiana e gritou: "Quem é essa garça de lagoa?".

Erundina!

Não esmoreça, companheiro!

Erundina foi a primeira prefeita de São Paulo. E nordestina!

Desapropriou a mansão dos Matarazzo na Paulista pra virar A Casa do Trabalhador.

Ela trouxe a Fórmula Um pra São Paulo. Erundina liberou os skatistas.

Que eram reprimidos e presos pelo Jânio. Numa só noite chegaram cem skatistas na Febem!

A Erundina quando boazinha parece A Vozinha do Pão de Queijo. A Palmirinha.

Quando brava, lutando na tribuna, parece o Ozzy Osbourne. A Erundina tinha que ter uma banda de heavy metal IRON DINA!

Erundina foi vice do Boulos! Erundina era a cereja do Boulos! A idosa sapeca!

Luis Eduardo!

O único nome de político que eu gostava de ouvir: deputado Luis Eduardo Magalhães.

Que era o nome do aeroporto de Salvador.

Que alegria o piloto anunciando: "Daqui a instantes estaremos pousando no Aeroporto Internacional Deputado Luis Eduardo Magalhães".

Aí, quando o PT entrou, mudaram para Aeroporto 9 de Julho.

Dia da Independência da Bahia. E o nome da praça onde eu comprava jambo!

Zé Dirceu!

O problema do Zé Dirceu é que na próxima encarnação ele já nasce preso!

Me encontrei com o Zé Dirceu uma única vez num jogo de futebol. Anos 1990!

Queria se enturmar com jornalistas. Muito simpático. Todos são!

Ele usava uma boina de tiozão da Mooca! Ele é palmeirense. Zé Dirceu não tem Mundial!

Ciro Gomes!

Que eu apelidei de Nervociro!

Pavio curto!

A primeira vez que fui para o Ceará, estávamos num boteco e Ciro Gomes apareceu. Novinho, não tinha idade para ser presidente!

Na segunda vez que estive no Ceará, Ciro já era governador. Ele me convidou para conhecer o Canal do Trabalhador. Que ia levar água para Fortaleza que estava seca!

Um carro foi me pegar no hotel. Todo preto com vidro fumê. Pensei que estava indo preso!

Chegando lá subimos numa coisa que mais tenho pavor: helicóptero!

E a porra do canal era imenso, não tinha fim, se perdia de vista!

O piloto me contou que os peões satisfaziam seus desejos sexuais com as jumentinhas. Normal!

O helicóptero fazia um barulho doido, parecia uma máquina de lavar!

Quando descemos, Ciro disse para o assessor: "Dá um copo d'água pro bichinho que ele tá branco de medo". Estava!

Quando voltei para casa da minha amiga Ângela Borges, ela disse: "Você é louco, aquele helicóptero já caiu quatro vezes!".

Marta!

Marta Martox!

Foi a política que mais apelidei: Quindão de Padaria, Patricinha da Meia-idade. Marta Martox!

Marta era filha do Rei do Café. Frequentou um dos mais exclusivos clubes de São Paulo, o Harmonia. Quando virou prefeita, essa loira grã-fina vestiu um colete à prova de balas para enfrentar os perueiros clandestinos!

Construiu o passa rápido. Os CEUs, que uma socióloga de direita erradamente chamou de "clube de pobres".

Marta foi casada com o Suplicy e o defendia como uma leoa. Num debate me sentei ao seu lado e ela gritava o tempo todo: "O Eduardo tem direito a tréplica!" "A réplica é do Eduardo!" "Não estão deixando o Eduardo falar!".

O tema era homossexualidade. Marta foi a primeira a defender os direitos da comunidade LGBTI+!

Marta plantou palmeiras na Faria Lima mas nem assim agradou aos ricos!

Fez um túnel subterrâneo ligando o Morumbi para agradar a classe média. O túnel alagou!

Fui a um coquetel na casa dela. Havia três psicanalistas de óculos, calados. Quando saí, os psicanalistas continuavam calados. Acho que faziam parte da decoração!

Encontrei de novo no programa da Hebe. Tema: homossexualidade.

Hebe passa por mim e fala baixinho: "Eu sei que você não gosta da fruta".

Havia duas Hebes: a que fala no microfone e a que fala baixinho. Por isso eu acho esse filme sobre a Hebe um filme de ficção!

Quando a Marta saiu do PT pro MDB, eu escrevi: "Marta saiu do PT para ser grã-fina sem culpa". Na Livraria Cultura, ela me evitou!

Aécio!

O Aécio me censurou!

Diz que a família Neves aterrorizava as redações de jornais comandada pela irmã de Aécio, magra e má.

E diz que, quando ela foi presa, abriram champanhe nas redações, uma festa.

Tipo quando caiu o Muro de Berlim ou derrubaram a estátua de Lênin!

Comigo foi o seguinte: a Agência Folha vende minha coluna para vários estados. Inclusive Minas.

O jogo da seleção brasileira para celebridades e políticos no Mineirão foi cancelado. Eu escrevi, parodiando o Adoniran Barbosa: "O Aécio nos convidou/ ele não mora em BH/ nóis fumo e num encontremo ninguém".

Um leitor mineiro me mandou o print da coluna em Minas sem essa frase. Cortaram!

Na época da tecnologia ninguém faz mais nada escondido. Falei com a *Folha*. Cancelamos o contrato. Fiquei chateado pelos mineiros!

O Aécio é um fenômeno nacional: é mineiro, mora no Rio, perdeu em Minas e ganhou em São Paulo!

Dilma!

Debate da Globo! Aécio × Dilma! Brasil todo ligado! Aí vem a Dilma: "Como disse o humorista José Simão...". Só consegui gritar EPA!

Imediatamente aparece um meme com o Bonner sorteando um papelzinho: "José Simão humorista".

Meu zap explodiu de mensagens. Muitos indignados pela Dilma ter me chamado de humorista. Meus primos, que nem petistas eram, me ligaram: "Orgulho de você!".

"Não acho que quem ganhar ou quem perder, nem quem ganhar ou perder, vai ganhar ou perder. Vai todo mundo perder!" Dilma foi impichada.

Impichada, não! Levou uma voadora. Dilma levou uma voadora. Dilma foi pra Porto Alegre e bah!

Bolsonaro!

A desgraça!

O genocida!

O coisa-ruim!

O cão!

O insepulto!

O miliciano psicopata!

O Brasil passou a ser o pior país para se viver. Essa façanha ele conseguiu!

Quando um povo tá fudido e perdido se agarra ao primeiro salvador que aparece.

Quando o Rio estava perdido e fudido, aplaudiu o surgimento das milícias. A dinâmica é a mesma!

A família Bolsonaro é paranoica, sexualmente mal resolvida e sofre de complexo de inferioridade!

Todos são seus inimigos! Inclusive o vírus!

Bolsonaro não sabe o que é amor nem misericórdia. Não se importa com a morte das pessoas. Porque nas milícias é assim! Morte é natural!

Brasília e o Sírio!

As duas imagens que mais aparecem nos telejornais: Brasília e a porta do Sírio!

Todo mundo conhece Brasília pela televisão.

"Você conhece Brasília?"

"Conheço, pela televisão."

Brasília é a capital do *Jornal Nacional*.

E tem político doente, boletim na porta do Sírio!

O SUS da classe política é Somos Usuários do Sírio.

Eu também Sou Usuário do Sírio. Por causa do meu grande amigo Raul Cutait!

E pelo quarto que parece o Grande Hyatt de Los Angeles. Comentei isso com Flora Gil no corredor, Gil estava internado! Ela respondeu rindo: "Mas é o Grand Hyatt".

Depois, com Bolsonaro, tudo mudou para a porta do Einstein. Sendo que ele não tem a menor ideia de quem foi Einstein. Aí ele mudou para o Villa Nova Star.

Que tem nome de flat!

22. Os marqueteiros, os truqueiros!

Num dos voos para Salvador me sentei na mesma fileira que Duda Mendonça!

Ele na janelinha, eu no corredor.

Duda era tranquilo, sorridente, parecia o Vovô Smurf!

Duda foi o criador do Lulinha, Paz e Amor.

Para ter o contato com Lula, ele apertou a campainha do apartamento. Quando a porta se abriu, Lula estava sentado no chão brincando com os netos.

Duda gritou: "É isso!".

Lula brincando com os netos e andando de braço dado com a esposa!

Lula ganhou as eleições presidenciais. Depois de quatro derrotas consecutivas!

Duda elegeu o Lula!

É uma rima sonora: Duda Lula!

Duda gostava de cozinhar, me convidou para um espaguete. Que nunca aconteceu.

Duda morava num dos mais glamurosos edifícios de Salvador: o edifício Costa Pinto, no Corredor da Vitória.

Onde moram Flora e Gilberto Gil, Luiza Olivetto e uns envolvidos na Lava Jato.

A Lava Jato esvaziou os locais ricos de Salvador.

Na Bahia só tinha diretor da Odebrecht. Eu mesmo conheci uns dez!

O Duda me disse que o Lula disse que eu votava no Serra!

Nunca mais vi o Duda. Só sei que ele gosta de rinha de galo e pesca esportiva.

Paris!

Hotel Royal Monceau!

Bufê de café da manhã: croissants e frutas vermelhas.

De repente ouço um grito: "Ressaca da porra". Só podia ser baiano!

Localizei a ressaca da porra, era o marqueteiro da Dilma, João Santana. Que eu conhecia da Bahia como Patinhas!

Com sua mulher, Mônica. Que eu também já conhecia da Bahia!

Nos anos 1970, ela morava com uma turma de amigos ao lado da fábrica de guaraná Fratelli Vita!

Patinhas só queria comer e dormir. Vinhos na Champs-Élysées!

Mônica queria comprar uma bolsa Louis Vuitton!

Caminhando para o metrô, Mônica conta que estava indo fazer campanha em San Salvador.

Sozinha e com uma arma na cintura!

João e Mônica foram presos e fizeram delação premiada.

Mandaram a Dilma para uma ressaca da porra!

Mônica aparece na porta da Polícia Federal com uns óculos escuros deslumbrantes. Eu queria muito esses óculos!

Nelson Biondi era marqueteiro do Maluf.

Fui a uma festa na casa dele.

Biondi se casou com uma amiga minha, Silvana Tinelli.

Na fazenda colonial da Silvana!

Silvana sai da igreja ao som do Roberto Carlos com as crianças de sua creche.

Peppino di Capri estava no casamento! Voltamos num jatinho com o Peppino di Capri cantando "Champanhe! Chaaaampanhe!".

Biondi abandona o Maluf e abraça o Serra. Marqueteiro é Ricardão!

Nizan Guanaes, que eu chamo brincando de Mulata do Sargentelli.

Toda vez que encontro, grito: "Mulaaata!".

Nizan foi marqueteiro do Fernando Henrique.

Foi marqueteiro até do Serra. Mas o Nizan era só publicitário, e não penicilina que levanta até defunto!

Nizan abandonou as campanhas políticas há muitos anos. Não precisa mais!

Agora faz o que quer: compõe música pra tudo que é data de Salvador e tem 2300 agências de publicidade!

Quando você está de barco na Baía de Todos os Santos, Salvador de longe é toda branca com encostas de mato alto.

Nizan me disse: "Salvador devia ter o skyline de San Diego".

Ainda bem que ele é só publicitário!

Ele é casado com Donata!

Diz que marqueteiro transforma água de esgoto em Chanel Nº 5!

23. Impeachment do Collor: A queda do aquilo roxo!

Brasil, 1989!

Surgiu das Alagoas um homem encorpado com nariz de gavião e olhos esbugalhados se dizendo Caçador de Marajás!

Se dizendo candidato a presidente do Brasil!

No início da campanha, a *Folha* me pede para acompanhar o Fernando Collor na gravação de *A praça é nossa*, com Carlos Alberto de Nóbrega.

Volto à *Folha* e dou minha opinião: "Tem olhos de psicopata e usa um terno brilhoso de casimira que dá arrepio de tocar. Jamais ficaria com ele numa casa vazia".

No debate final da Globo, ele denuncia que o Lula tinha um aparelho de som três em um. O Caçador de Marajás caçou um operário!

O Brasil elege Fernando Collor presidente! Ele tinha aquilo roxo!

Collor nomeia Zélia Cardoso de Mello como ministra da Economia. Zélia confisca a poupança dos brasileiros. Todos com cinquenta reais no banco.

Lilian Witte Fibe dá um piti ao vivo na televisão: "Como vou pagar as minhas cortinas?".

Gastando normalmente! Isso que uma mulher feia e cínica disse aos brasileiros na televisão: "Continuem gastando normalmente".

Confisco da poupança. Teve briga em casa. Meu pai se alterou! Culpou e levantou o dedo para o meu irmão, que o tinha incentivado a votar no Collor.

Eu sentado no sofá repetia aquela frase insuportável: "Eu avisei".

Nesse dia, percebi que a política afetava a vida das pessoas. Não era uma coisa abstrata. Meu vizinho de baixo gritou: "Filho da puta!".

1992!

Chegamos ao aeroporto de Maceió, eu e Eduardo Logullo, para pegar o avião de volta pra São Paulo.

De repente, luz, câmeras, microfones. Brinquei com os amigos: "Deve ser pra gente". Era Teresa e Pedro Collor indo entregar os documentos para *Veja* que derrubariam o irmão! O presidente!

Os documentos estavam numa maleta 007!

Por ironia do destino, nos sentamos na mesma fila, eu, Pedro Collor e a bomba!

Imaginei que Pedro ia passar o voo inteiro acordado, abraçado com a maleta contra o peito. Nada!

Dormiu o voo todo com a bomba no colo, displicentemente. Comentei com os amigos: "Se eu roubasse essa maleta ganhava o prêmio Esso".

Participei da primeira passeata contra o Collor no parque Ibirapuera. Com Astrid Fontenelle e Antonio Salomão!

Onze pessoas, todas de preto! Em fila indiana, gritando "Fora Collor!". Eu levei o cachorro pra fazer número!

Caras pintadas saem às ruas, os estudantes! Freneticamente!

A empresária Giovanna Kupfer, da Giovanna Baby, promove uma carreata na Paulista! Buzinaço! Bandeiras verdes e amarelas nos capôs das Mercedes!

Collor vai ao Rio, jogam moedas na cara dele e picham nos muros: "Saudades do Sarney e da gonorreia".

Magia negra nos porões da Casa da Dinda!

Apelido a Casa da Dinda de Casa da Doida!

Cascata nos jardins da Casa da Dinda. Não podia ter uma cascata na casa do Caçador de Marajás!

Sai o impeachment!

A *Folha* nos manda para Brasília. Ficamos no gabinete de Fernando Henrique! Fernando Henrique nos faz uma visita de cortesia.

Joyce Pascowitch pergunta:

"Você conhece o Simão?"

"Siimmmm, sou muito amigo do tio dele."

Dá um giro e sai. Um giro, não. Um *plié*!

Meu tio Aziz Simão, cego e sociólogo, tinha sido um importante professor dele na USP!

Fomos ver a multidão em frente ao Congresso, eu e Arnaldo Jabor. Petistas desciam dos ônibus enfurecidos, com apito e mãos na cabeça, dando o santo!

Jabor comenta: "Como será que se sente um homem sendo churrasqueado em praça pública?". Não respondo. Fico olhando a multidão.

Deputados mudam o voto na porta do Congresso!

"Pelas minhas filhas, minha esposa e pelo Brasil, voto SIM!" "Pela minha filha Marisa, pelo Brasil e pelo poodle Pingo, voto SIM!" "Pelo Brasil e pela ponte em Paranapanema, voto SIM!" "Pelo calçadão de Xavier, eu voto SIM!"

Roseane liga para Joyce reclamando de uma nota sobre um modelo que ela tinha usado havia três dias. Joyce pergunta: "Você não tem noção do que está acontecendo?". Não!

Roseane é de Canapi, onde tiro era pipoca. Alagoas era uma Bali com Bala!

Collor é impichado!

O casal desce a rampa, de mãos dadas. Roseane vestia rosa!

Itamar Franco assume. O nada! Uma franja branca voando!

Mas aí Itamar nomeia Fernando Henrique Cardoso ministro da Economia. E aí Fernando Henrique lança o real. A roda gira!

2015!

Alagoas elege Collor senador. A Casa da Dinda parece o Salão do Automóvel! Ferraris, Porsches e Lamborghinis!

Ele tem a mesma respiração que o Darth Vader! Eu imito no rádio.

Ele não tem mais aquilo roxo!

Ele tem Ferraris, Porsches e BMWs!

24. Gustavo:
O divino conteúdo

Nós não somos casados, nem amigos, nem irmãos. Temos uma ligação cósmica!

Quando a barra pesa, ela aparece!

Gustavo tem um cérebro cubista!

Gustavo é do Piauí!

Veio para São Paulo trabalhar na São Paulo Fashion Week!

Quando o vi entrando no pavilhão da Bienal, tocou o sininho pela segunda vez! Deve ser atração por nordestino!

Acho que jamais teria caso com um escandinavo. Gosto de sobrinhos!

Antonio era sobrinho do Waly Salomão. Gustavo é sobrinho do Paulo Borges!

Quando Paulo contou pra Bruna Lombardi que agora era meu tio, ela comentou rindo: "Vocês não valem nada!".

Quando Antonio Salomão morreu, eu ficava chorando no sofá!

Uma mão pegou na minha mão. Senti a pele! Era Gustavo! Acordei! Ele disse: "Você está com uma cara horrível. Vá se olhar no espelho. Você é o José Simão". Acordei. Ele me deu foco. Me deu chão!

118

Eu estava morto e ele me ressuscitou!

Adorava a avó, uma sertaneja que falava francês! E usava *peignoir*!

A avó fazia chover na casa dela, no centro de Teresina. Mandou fazer uma instalação hidráulica no telhado. Teresina pegando fogo e só chovia na casa dela. Gabriel García Márquez!

Ele me contou que quando era pequeno em Teresina, as iguanas gigantes desciam das árvores e entravam na sala, parecendo dinossauros.

Ele me contou que quando era pequeno, durante a noite ficava rodando a casa batendo com um pedaço de pau no chão. Ele tinha uma diarista chamada Gardênia!

Uma noite, no cinema, ele perguntou: "Quando vamos para Paris!?". O filme era *O diabo veste Prada*! A cena era Meryl Streep sobre a neve no La Concorde!

Adoramos Paris! Gostamos de duas coisas: arte e loja!

Pompidou e Marc Jacobs! Adoramos sentar nos cafés, ver as pessoas. Os parisienses não penteiam os cabelos.

Não gostamos de Michelin! *Omelet et frites*! Ele me deu um saco de marron glacê da Fauchon.

Íamos até a banca de jornal para ouvir a melodia matinal: "*Bon jour monsieur, bon jour madam, bon jour monsieurdam*".

Na primeira noite fomos passear de Bateau Mouche. Quando avistamos a Torre Eiffel iluminada, ele colou "I Love Paris" com a Grace Jones no fone de ouvido!

Fomos numa expo no Palais de Tokyo, arte de vanguarda. Tivemos orgasmos!

Eu tinha encontrado uma pessoa que adorava arte. Que fazia trilha pro Bateau Mouche. Que tinha um coração que não dizia não. Me apaixonei pelo divino conteúdo!

Nos casamos no papel, com juíza e tudo. E fomos direto para nossa casa de praia em Arembepe. Pela primeira vez, começamos a nos implicar.

Casamento! Quem queria casamento?

Eu era autoritário e ele bipolar. Eu não queria marido e ele queria uma casa para chamar de sua. Resolvemos morar em casas separadas!

Quando a Astrid soube que eu finalmente ia morar sozinho, disse: "Entregaram o ouro para o bandido!".

Ele mora na praça Roosevelt, no apartamento que era do Contardo Calligaris. Ele vive com três gatos. Três gatos vivem com ele. Gosta de ficar sozinho com os gatos.

Virou hipster: barba comprida e corre no Minhocão! Ele ouve podcasts! Ele tem dois restaurantes e um estúdio de ioga! Tudo no centro! Hipster!

Eu moro no Baixo Augusta. Quando bate o tédio é só ir até a esquina na Farmácia das Putas e ficar vendo os movimentos. As putas foram embora da Augusta. Deram lugar a estúdios de 27 metros quadrados!

Só sobraram algumas da boate Caribe. Na porta da farmácia, uma trans diz: "Hoje não tem boquete, só massagem". Falo: "Não vai rolar, os bofes não vão topar!".

Quando a barra pesa, ele aparece!

Quando íamos nos casar, o primo dele falou: "Você sabe que está se casando com um panda?". SEI! Aliás, por isso mesmo!

Gosta de carros! Direção! Volante! Música alta! Passeamos pela cidade. Eu o vejo de perfil! Amamos São Paulo!

Toma conta de mim. Corta as unhas dos meus gatos, dá remédio. Toma conta de mim e dos gatos. A gente se vê todos os dias! A gente se fala o dia inteiro pelo zap. A gente ri o dia inteiro!

Toda noite trocamos mensagens: *"Bon soir!"*. *"Bon soir!"*. Paz!
Temos uma vida em comum!
Foi assim. E sempre será!

25. Avenida Paulista:
O fetiche

2013!

O ano em que a Paulista virou fetiche. Bastava juntar dez pessoas que já gritavam: "Vamos pra Paulista! Vamos pra Paulista!".

Junho de 2013!

Fui na primeira passeata do Passe Livre!

Aquela do "não é só pelos 20 centavos!".

Muito chocha!

Tirei uma foto na Paulista vazia e postei no Facebook. Deu mais de 400 mil likes! "Maravilhoso." "Parabéns." "Você é meu ídolo!"

O povo queria ir para rua!

Fui pra segunda passeata na Paulista!

Logo ao chegar, me revoltei.

Uns caras seguravam a faixa: "Ronaldo, vá comer suas travecas". Rodeados de fotógrafos! Corri até eles e gritei: "Respeitem o Ronaldo! Respeitem o Ronaldo!".

Ó, que ideia! Podia ter apanhado logo na chegada. E eu nem era fã do Ronaldo!

Me dirigi ao vão do Masp para me encontrar com os primos. Um dos primos tinha uma amiga peruinha. Que logo perguntou: "Vocês têm o celular do Danilo Gentilli?".

Aí passa uma faixa da Dilma e a peruinha grita: "Eu sabia que ela era sapata!". Gritei: "Saia já daqui!".

Percebi que o Passe Livre tinha virado Direita Livre!

E uns marombados abrindo passagem com a faixa: "A Mooca exige mais respeito". Me falaram: "São microempresários".

Ah! E aí vieram umas dermatologistas loiras com o cartaz: a boca da Dilma em forma de cu! Aí entendi o que o boneco do Ronaldo estava fazendo naquele protesto. Era puro fascismo!

Fui embora. Pra nunca mais voltar! Se algum dia tivesse pensado em ser de direita, teria abandonado nessa ida à Paulista!

A economia tava uma merda e a Mooca exigia respeito!

E Dilma gritava: "Maaaantega! Maaantega!".

Um funcionário me disse que ouvir um grito da Dilma é pior que prender o pinto no zíper da calça!

O único protesto que fui com vontade mesmo, chamei amigos, fiz corrente no WhatsApp, foi contra o Feliciano e a cura gay!

Contra o obscurantismo, contra as trevas!

Ele era pastor e fazia chapinha! Concentração na praça Roosevelt!

Discursos, selfies e o melhor: as faixas!

"Feliciano, quem foi o boy que partiu teu coração?"

"Feliciano, o cu é laico!"

"Feliciano, não me cure, não tenho roupa para ser hétero!"

Umas lésbicas queriam ir em passeata até o Largo do Arouche. Discursar no gueto. Pregar para convertidos. Gritei "Paulista!". Pra todo mundo ver!

Sair do armário. Gritos de "Paulista! Paulista". A votação era no grito! Ganhou a Paulista!

Subimos a Consolação de braços dados; eu, Paulo Borges, Pinky Wainer e a neta!

Na esquina da Paulista nos deparamos com um muro de PMs. Pensamos: "Pronto, acabou".

Para nossa surpresa, a PM abriu caminho!

Era 2013!

No vão do Masp, a mídia já estava esperando. Ganhou a Paulista!

Uma amiga gritou tanto "Saúde e educação" na Paulista que, quando entrou no metrô, uma senhora espirrou e ela gritou: "Saúde e educação!".

Já havia faixas de impeachment na Paulista! Fora Dilma!

Brasileiro teve que aprender a pronunciar impeachment e Odebrecht!

Um tuiteiro ensinou a escrever impeachment: você escreve "eu sou pêssego" em inglês, *im peach*. E completa com o menta sem o "a": impeachment!

2013!

O ano em que a paz foi embora!

2015!

O ano em que o fascismo saiu do armário gritando contra a corrupção vestido de camisa verde amarela da seleção da CBF.

Da CBF, um antro de corrupção!

O ano em que um bando de loucos pedia intervenção militar. E não era pouca gente, era milhão!

O Brasil não precisava de intervenção militar. O Brasil precisava de intervenção psiquiátrica!

Os doidos da Paulista passaram a chamar o Brasil de gigante: "O gigante acordou!". "O gigante acordou!" O gigante acordou e quebrou tudo, os *black blocks*!

A partir daí, todo e qualquer protesto era na Paulista. "Vamos pra Paulista!"

Ato Fora Bolsonaro! Concentração no vão do Masp!

Ato Pró-Bolsonaro e contra o Supremo. Concentração em frente a Fiesp!

Que tinha um pato amarelo inflável na frente. O pato virou um totem!

Cantavam o hino nacional para o pato. Um dia, uma mulher espetou o pato, ele murchou e ela foi presa!

Protesto de motoboy, perua escolar e anão de jardim, só podia ser na Paulista!

A Paulista é o símbolo de São Paulo!

A Paulista é comprida!

A Paulista é fotogênica!

A Paulista é capa de revistas e jornais!

26. Carnaval: A grande festa da gandaia nacional!

Eu só frequentava os bailes infantis. Já me fantasiei de príncipe. Já me fantasiei de tirolês. Aos seis anos de idade, tinha foto fantasiado de tirolês no galinheiro do quintal de casa!

Meu pai criava galinhas inglesas, vermelhas. Para combinar com a fantasia de tirolês, tirei a foto no galinheiro!

Meu primeiro Carnaval de verdade: Bahia, 1973!

Eu sou do tempo da praça Castro Alves. Não havia camarotes, apenas barracas.

Todos queriam ficar na mesa de Caetano e Dedé. Que aparecia de mortalha!

Quando saía briga atrás do trio elétrico e a briga se espalhava pela praça, as baianas das barracas jogavam água. A água espanta as brigas.

Em 1973, só havia três trios elétricos, um deles a Caetanave.

O encontro dos trios era na praça Castro Alves. Todos cantavam o hino do Senhor do Bonfim e o Carnaval acabava.

Terça-feira, meia-noite. Por causa da Igreja!

Atrás da praça Castro Alves tinha a Ladeira da Montanha, só de puteiros! Era lá que todos iam mijar. Na Ladeira da Montanha! Um cheiro de mijo com dendê fritando o acarajé das baianas!

Baiano não sabe quando o Carnaval termina porque não lembra mais quando começou! Eu lembro: em 1500!

Eu beijei na boca!

Os Filhos de Gandhi estão descendo! Os mais novinhos são bem galinhas. A sedução era entregar o cordão de contas azuis. Uma amiga paulista ficou grávida de um Filho de Gandhi. E eu disse: "Neto de Gandhi!".

Não existe nada mais bizarro que hétero fantasiado de mulher!

Surgem os camarotes. O social. O uísque.

As cantadas: "Nesse Carnaval queria ter uma experiência diferente".

Os cochichos políticos! DEM e PT aos beijos e abraços.

Os trios elétricos. Os néons. Daniela e Ivete. Carlinhos Brown entra na avenida tocando no trompete *Moonlight Serenade*. Silêncio na avenida!

Antes dos camarotes, não havia previsão de nada. O que vinha vinha!

Desci um beco e um bloco de maculelê estava subindo na minha direção. Um monte de bofe fazendo som com paus! Me espremi contra a parede, o máximo que podia, pra eles passarem.

Eu tinha medo dos Apaches do Tororó! Vinham correndo pela cidade vestidos de apache e quem encontravam era zoado! Zoavam a cidade!

Os trios! Pretos vinham atrás dos blocos e trios, sambando, marombados e suados, abrindo espaço com os cotovelos. Eu caí no chão!

Eu subi e desci de tanto trio, troquei tanto de camiseta, que acabei sem nenhuma.

Penso: "Vou pro camarote do Gil e pego uma camiseta". Chegando lá: "Não tem mais camiseta, só colete de segurança". Serve!

Subo pra varanda pra conversar com o Gil.

O Rei da Noruega peidou no camarote do Gil!

Avenida: o negão encoxando o paulista!

Waly Salomão levou o Olodum para se apresentar em Buenos Aires. E um dos integrantes: "O que é *calle*?". Waly: "*Calle* é rua em espanhol". E o olodum: "Precisa ser muito viado pra chamar rua de *calle*".

Margareth Menezes promovia um baile pré-carnavalesco num estacionamento, "A Noite dos Mascarados".

Era bafo! Só iam os modernos!

E havia a eleição do Rei Peru. Com direito a faixa e a sair no trio elétrico ao lado dela. Dando adeusinhos. Fui duas vezes Rei Peru!

"Haja peru!", como disse uma amiga lésbica, já aos pulos!

A melhor entrevista do Carnaval. Estava no meio da multidão no Campo Grande.

Apareceu a TV Cultura. Entrevista. Ok!

A menina fez a primeira pergunta. Respondi. Quando ela estava tentando formular a segunda pergunta, baixou o microfone e disse: "Ai, eu estou tão cansada".

Todos os hypes andavam de van. Nunca andei tanto de van na minha vida! Comecei a chamar de Vanda.

Quando terminou o Carnaval, Paula Lavigne me disse: "Não aguento mais van".

"Pernambucana faz picolé em forma de pênis para vender no Carnaval de Recife e Olinda." É o PICALÉ!

Carnaval de Olinda: braços balançando pro alto! É um Carnaval vertical!

Eu vi um disco voador na praia de Maria Farinha!

Nunca passei o Carnaval no Rio! Só pela televisão! Amo o Sambódromo!

Os carros alegóricos cada vez mais altos!

Parece Dubai!

Amo o mestre-sala e a porta-bandeira, "aquele minueto bárbaro e alado", como definiu o poeta Haroldo de Campos.

E as peladas, siliconadas, se um peito daquele estoura é luta de gel na avenida! O que Deus criou só o silicone segura!

E duas palavras que só se ouvem no Carnaval: genitália e comunidade! E as duas forças que ainda animam o carnaval: a bicha e o bicho!

O camarote da Brahma é um Drahma!

Marcius Melhem disse que puxador de samba pensa que a gente é surdo: "Portela, o dia clareou. CLA-RE-OU". "Mangueira mostra a tua raça. A TU-A RAAA-ÇA!" "E lá vou eu. E LÁ-A VO-U EEE-UUU!"

Lei do Xixi: todo cidadão que for pego fazendo xixi na rua é obrigado a mostrar os documentos. Guarda municipal: "Documentos!". O gaiato: "Peraí que eu tô balançando". É Carnaval!

Lista de coisas para recuperar depois do Carnaval: os pés, o celular, o fígado e tentar tirar o glitter. Aquele grudado na orelha!

O Carnaval fica na esquina de casa.

O Carnaval fica no Brasil!

O Carnaval é o acontecimento religioso da raça. Oswald de Andrade.

A grande festa da gandaia nacional!

27. Festas juninas:
Viva o milho-verde!

Festa junina no Nordeste é mais importante que o Natal!

No Natal, os nordestinos comem aquele queijo de cuia da lata vermelha e pronto.

São João é dia de ralar o bucho até a fivela arriar!

Lula e dona Marisa deram uma festa de São João na Granja do Torto! Foram ridicularizados! O Sul não entendeu nada. Apenas debocharam.

Danuza Leão escreveu uma matéria debochando. A *Folha* publicou com uma foto imensa colorida! Como cometer tamanho escracho e ultraje a postos tão solenes.

Não entenderam a beleza e a importância da festa junina!

Não entenderam o Brasil da Bahia pra cima!

Quando eu era menino havia fogueiras nas ruas de São Paulo. Tímidas!

As pessoas bebiam quentão! Eu nunca vi ninguém debulhando milho lá em casa. Eu gostava do barulho do traque. Agora só tem festa junina em colégio!

Primeiro chega Antônio! Santo Antônio!

Antonio Salomão se chamava Antonio porque nasceu no dia de Santo Antônio, 13 de junho.

Na casa dele havia a trezena de Santo Antônio. A família ajoelhada ao redor do santo. E sempre terminava com todos dizendo: "Santo Antônio, Santo Antônio! Toma conta do Antonio!".

Maria Bethânia canta: "O que seria de mim, meu deus, sem a fé em Antônio?".

Diz que Santo Antônio é casamenteiro. Que ingenuidade. Casamenteiro é o Tinder!

São João!

O estandarte anuncia! São João com o carneiro!

São João!

No programa do Faustão declarei via Skype que "o forró era esculhambação".

Fui linchado virtualmente. Pelos puristas. Pelos que não festejam. Pelos que só se apresentam! Em palco ou chão batido!

Forró é esculhambação. O casal se agarra, dá risadas, se roça e depois vai pro mato trepar!

A Sandy canta: "O que você foi fazer no mato, Maria Chiquinha?".

Isso se chama alegria. Acho que usei a palavra errada na hora errada. Eu acho que usei a palavra certa no lugar errado!

O pau de sebo! As piadas! Os trocadilhos com pau. Com pau de sebo. A zoeira!

Subir no pau de sebo não é a mesma coisa que subir num coqueiro. O sebo é a pegadinha!

Já imaginou subir num pau de sebo? Coloca os dois pés na madeira, sobe dez centímetros e escorrega um metro. E tem cabra que chega lá!

Pau de sebo devia ser modalidade olímpica!

Festa junina é pra se esbaldar. Pintar os canecos!

Deve ter vindo de Portugal. Comprei um pandeiro na Feira da Ladra: um casal dançando e escrito "Viva a Folia! Viva a Foda!".

Junho é mês de chuva!

Fui pra Salvador passar os dias de São João. Não tinha ninguém, deserto. Todo mundo vai pro interior!

Passei quatro dias no terraço olhando a chuva!

Meu amigo Albérico tem uma fazenda em Cruz das Almas. Onde tem a famosa Guerra de Espadas. Batalha de rojões!

Mas na fazenda dele tem banda de rabecão, pinga da boa e mesa farta! Nunca fui. Na minha cabeça, pra chegar à fazenda teria que atravessar a guerra de rojões, se esquivando dos estouros!

O dente pintado de preto!

A fogueira!

O mugunzá!

A canjica é curau em São Paulo!

A pamonha!

Pamonha é pamonha no Brasil inteiro! Toda estrada em São Paulo tem O Rancho da Pamonha!

Pamonhas, pamonhas, pamonhas! Pamonhas de Piracicaba!

Depois disso tudo, ainda tem São Pedro, 29 de junho!

São Pedro é sem graça.

Depois de tudo que você comemorou em São João, não tem mais forças pra comemorar São Pedro!

São João derrubou São Pedro!

28. Viva o humor, abaixo o rancor!

O Brasil é um meme que não dorme!

O Brasil é o país da piada pronta!

E tem um bloco carnavalesco em Olinda chamado: TÁ RINDO DE QUÊ?

Eu sou aquele que conta piadas na rádio!

Faço humor jornalístico! A Globonews do escracho!

Nos anos 1990, quando comecei, só existiam dois tipos de humor jornalístico: minha coluna na *Folha* e o Casseta e Planeta no tabloide do mesmo nome e na televisão!

Não consigo esquecer o Bussunda de faixa presidencial!

O Viajando Henrique Cardoso. Era perfeito. Um Fernando Henrique sem chantilly!

E o Lula com aquela barba de Paixão de Cristo de circo!

A *Folha* quis fazer uma entrevista com o Casseta. Eles exigiram que fosse eu! Nós "se entendíamos"!

O humor é demolidor! Um dia, a Band perguntou a um general de fronteira: "O senhor não tem medo de traficantes?". "Não, eu tenho medo é do Zé Simão."

O humor é demolidor. E é melhor que o rancor! Já imaginou encarar as mazelas do Brasil com rancor? O Brasil seria um país de rancorosos. Espumando pela boca. O humor não tem nada a ver com vingança!

O humor é anarquia!

Quando entro no ar na BandNews FM, o Brasil vira dez minutos de anarquia: a mulher bate o carro de tanto rir, a outra deixa queimar o arroz e depois passa e-mail cobrando, um outro não quer entrar no túnel, senão o sinal cai, e então fica parado na boca do túnel até o programa acabar!

E outra no carro: "Tô rindo feito uma idiota, os outros vão pensar que eu sou louca".

E o leitor da *Folha* rindo sozinho no metrô. E olhando pros lados!

Isso se chama oxigênio. Dar risadas não paga as contas, mas oxigena o cérebro!

O humor é orgasmo!

Por isso que é poderoso e popular. É físico!

Gozar e gargalhar estão na mesma escala Richter. Terremoto de prazer.

Por isso que antigamente era feio mulher rir alto. Quase obsceno. Mulher direita não podia dar risada alto.

Meu pai levou minha mãe para assistir a uma peça da Dercy Gonçalves. Mas ela não podia rir! Ela tapava a boca com as mãos! Mulher não podia rir alto!

Aí veio a Fafá de Belém!

Aí veio a Fafá de Belém para gargalhar na cara dos machistas!

O humor nasce da indignação! Fico indignado com doentes em leitos no corredor! Aí penso: tenho que fazer piada com isso. Não com os doentes. Mas com os responsáveis pela situação!

Faço humor com crítica social. Senão vira besteirol! Missão: transformar a tragédia em comédia. Eu sou um filtro Dona Melitta. A tragicomédia!

Sobrou pra mim!

Uma tirada vale mais que uma tese acadêmica!

"Quem não se esculhamba não pode esculhambar os outros." Oswald de Andrade.

Minha cara para máscara de Carnaval só falta o elástico!

Hoje uso bengala, fiz exame de audiometria e tenho que usar aparelho. Conto para os amigos que virei um ciborgue!

Dificilmente fico de mau humor. Quando estou para ficar de mau humor, dou três pulos. Bem altos. Tipo aqueles dos guerreiros quenianos Massai!

Jamais fazer piada com minorias. SÓ COM OS PODEROSOS!

Isso era uma coisa que eu e o Ricardo Boechat sempre tivemos em comum, não precisava combinar: jamais fazer piada com as minorias, só com poderosos!

Desafiar O PODER!

Odiei o início do *stand-up comedy*!

Uma vez fui a um *stand-up comedy* num restaurante mexicano no Itaim.

E aí um entrava e dizia: "O preto". E todo mundo ria muito.

Entrava outro: "A bicha". E todo mundo já ria.

Não precisava nem continuar. Fui embora! E olha que a minha mesa estava praticamente no palco! A conta, por favor!

Os standeiros me diziam: "Ah, mas os Trapalhões faziam isso", "Ah, mas o Chico Anysio dizia isso".

Sim! Mas a sociedade evoluiu, as minorias se organizaram. O humor evolui. O humor é dinâmico. O humor não é um morto!

O humor não é um morto!

O humor é físico!

Cada um ri de um jeito! Tem gente que ri dando um pulo pra trás. Tem gente que ri dando um tapa no ombro do outro. Tem gente que ri dando um grito. E tem gente que não ri. Só fecha os olhos e balança a cabeça!

Me contaram que o Chico Anysio ia fazer visitas com a mulher e ficava numa poltrona, de olhos fechados, só ouvindo a conversa. Assimilando! Quantos Chico City não saíram dessas conversas.

E os bordões que ficaram famosos nas ruas do Brasil. "E pensar que eu saí de dentro dela." "Cunhã, Gal ligou?" Cunhã passou meses na onda!

O humor é instantâneo!

Quem mais reclama de piadas: corintianos e evangélicos!

E aqueles que te puxam pela manga da camisa para contar piada? Sabe aquela da loira e do espermatozoide manco? E você não consegue se livrar porque está preso pela camisa! Duração do tempo: uma eternidade!

Eu não faço piadas. Quem faz piadas é o Ary Toledo. Que amo!

A vida não é um eterno hahaha!

Tem muita gente que acha que eu passo o dia inteiro rindo. Não é verdade!

Principalmente quando se está esperando o resultado do PCR na pandemia. E quando acabou a Coca-Cola! A vida não é um eterno hahaha!

Duas coisas que nunca deram certo: humor a favor e biografia autorizada!

Às vezes eu sou cruel!

Mas nunca baixo-astral!

Viva o humor! Abaixo o rancor!

"Quando a gente não pode, a gente esculacha!" Bandido da Luz Vermelha.

29. Letras:
A arte de escrever

Gosto de escrever!

Gosto mais de escrever que de ler!

Gosto de ler diálogo de série na TV. Os melhores roteiristas foram trabalhar nas séries!

Gosto de roteiros!

Gosto de escrever tudo solto!

Acho cafona escrever na areia!

Acho lindo escrever na parede!

Uma amiga escreveu na parede: "A culpa é minha!".

Acho lindo quem escreve!

Nasci com o dom de escrever!

O talento é aleatório! Você não escolhe ter talento. Ele te atinge como um raio!

Aleatoriamente! Pode ser em mim ou em você!

Eu escrevo porque gosto de letra!

Não gosto de número. Detesto matemática. Não consigo decifrar nem um boleto!

Quando eu era bebê brincava com cubos de letras.

Quando eu era menino jogava palavras cruzadas com aquelas letrinhas de madeira. Jogava até sozinho!

Uma dessas cartomantes que vêm em casa disse que eu ia ganhar dinheiro escrevendo!

TENHO TESÃO POR LETRA!

Não gosto de letra em itálico. Gosto de letra em pé!

O TEXTO!

O ritmo é tão importante quanto o conteúdo!

Escrevo como se tocasse um instrumento. O teclado é um piano. E às vezes um órgão de igreja!

Escrevo como se tocasse um instrumento. Se no fim da frase faltar uma nota, bota uma sílaba!

Se sobrar um rabinho, tira!

Texto tem que ter ritmo!

Leitor já tem um controle remoto na cabeça. Se não tiver ritmo, vai embora!

Ninguém gosta de roda quadrada!

Comecei a escrever em voz alta. Agora escrevo em silêncio.

Tenho uma voz alta dentro da cabeça!

Uma voz alta silenciosa!

E às vezes, sabe o que acontece? Marco o ritmo balançando a cabeça.

Sou um escritor oral!

Por isso que me dei bem no rádio!

Sou um escritor oral. Essa foi a primeira tentativa que fiz quando comecei a escrever uma coluna na *Folha*: oralizar!

O leitor adora!

Quando comecei a escrever para a *Folha* muita gente achava que eu não existia. Tamanha a esculhambação!

Achavam que José Simão era um pseudônimo! Zé Simão parece nome de primo do Mazzaropi.

Queria me chamar Hugo Napoleão!

Gosto mais de acordar que de dormir. É a curiosidade! De

saber o que está acontecendo. "É a curiosidade que me move." Marcel Duchamp!

Acordo às cinco e meia!

E fico tomando café e fumando. Pensando! É o esquenta!

Me lembro da Clarice Lispector que acordava às quatro da manhã e ficava fumando, escrevendo e ouvindo a rádio relógio!

E vou pro laptop! Hora de entrar em cena! Hora de baixar o santo!

O OLHO!

O olho! Leio tudo!

Ando de carro e leio outdoors, pichações, nomes de lojas. Leio receitas, bulas! Tudo vai pro texto!

Leio receita sendo que nem sei cozinhar. Nem sei ligar o fogão!

As receitas em Portugal são na primeira pessoa: "Quebro dois ovos!".

E uma tia baiana, pra ser chique, escreve: "Ralo dois cócós!".

E vi uma placa "Vendo Óvós!".

O cara é um designer!

Leio bulas, sinto todos os efeitos colaterais, e geralmente entro em óbito! Já entrei em óbito umas mil vezes!

E as pichações! "Prefeito sem vergonha, o busão tá mais caro que a maconha." E um adolescente pichou: "Eu comi o cu do Hitler!".

A televisão fica ligada o dia inteiro!

Tudo vai pro texto! Sem pudor! Eu não tenho pedigree, eu sou um vira-lata!

Tudo vai pro texto! A colagem! Eu sou pop!

SOU POP!

Tudo que escrevo é sincero!

Leitor não dá pra enganar!

Muita gente engana. Mas não toca o coração! É emocional!

Quando me param na rua, ninguém me diz: "Admiro seu trabalho". A maioria diz: "Te amo, amo o que você escreve, te adoro! Você é o meu ídolo!".

Não tenho um texto linear.

Encontrei com um empresário do ramo financeiro na Livraria da Vila. E ele me disse que meu texto era como uma equação. Eu começava com um assunto, aí mudava pra outro e mais outro e voltava pro primeiro assunto.

Uma equação!

Tem muita gente que implica que começo minhas colunas na *Folha* com as mesmas frases há quarenta anos!

"Buemba! Buemba! Macaco Simão Urgente! O Esculhambador Geral da República" e "Nóis sofre mas nóis goza! Que eu vou pingar o meu colírio alucinógeno".

É a vinheta! Não são frases! São as vinhetas!

Detestava aquela cartilha escrito na capa: "Avante!". Com as letras deitadas!

Mário de Andrade dizia que é preciso exclamar para que a vida não nos canse. Então, viva o ponto de exclamação!

Não é só o que eu escrevo. Mas como escrevo!

E como escrevo! Passei minha vida escrevendo!

Sobrou pra mim!

É o destino!

30. Terapia:
Tirar as minhocas para fora!

Terapia! Expulsar as minhocas!

Minha primeira incursão à terapia foi um desastre! Intimidador!

Ela era uma mulher jovem e loira!

Para chegar ao consultório tinha que subir uma escada. E ela me esperava no alto da escada, em pé!

Medo!

Parecia filme de terror!

Parecia as gêmeas de *O iluminado*. Era a Nazaré!

Na segunda sessão, teve um momento de olhos nos olhos.

Ela numa cadeira e eu em outra, em frente.

Olhos nos olhos em silêncio. Desviei o olhar.

Ela me perguntou de chofre: "Por que você tem medo de gente?".

Nunca mais voltei. Fiquei com medo dela!

Anos, muitos anos depois, comecei a ter ataques de pânico. Acordava no meio da noite suando, em pé. Vou ficar velho, doente e pobre!

Velho, doente e pobre!

Ia dormir no sofá da sala. Todo mundo em pânico vai pra sala. Tem que sair do quarto! Abandonar o local do pânico! Fugir!

Pinky Wainer me indicou seu terapeuta: Eduardo Ferreira Santos.

Gostei dele logo de cara; alto, bonachão, um abraço caloroso! Quantas vezes cheguei me atirando naqueles abraços!

Não havia divã! Me sentava num enorme sofá florido e ele em uma cadeira em frente. Ele usava sapatos enormes!

A primeira coisa que ele me disse: se eu perguntar alguma coisa que você não goste, é só dizer "não quero falar sobre isso". Fiquei aliviado!

E o mais interessante: você acaba falando voluntariamente!

A maioria das pessoas foge da terapia porque acha que vai ter que falar sobre pai e mãe. Nada disso. Pode ir!

No auge do meu pânico, eu queria sair, mas não conseguia abrir a porta!

Uma tarde, peguei um táxi e fui até a Augusta, em frente ao Unibanco. Quando saí do táxi, entrei de novo e disse: "Me leva de volta pra casa!".

Eduardo me passou deveres: sair sozinho!

"Uma vez por semana você vai sair sozinho. Só não precisa ir até Itaquera!"

Até Itaquera eu não ia mesmo!

Não queria encontrar um corintiano na minha primeira aventura, na minha primeira jornada solitária!

"Você vai fazer o que gosta: uma exposição e depois um restaurante com uma comida que você adora!"

Fui ao Masp e depois ao Ritz! Não ia me aventurar por mares nunca dantes navegados!

Andei pela Paulista. Sozinho. Senti uma paz imensa! Eu estava comigo.

Parece clichê. Tudo é clichê!

Passei a sair sozinho. Fui ao cinema e fiquei admirado de quantas pessoas estavam sozinhas. Queriam apenas assistir ao filme!

Eu achava que ir desacompanhado era porque eu era chato e desinteressante!

Aliás, não sou chato nem desinteressante, sou inconveniente. Falo durante o filme o tempo todo. E alto! Com essa minha voz que parece um megafone!

Tinha um almoço com Matinas Suzuki Jr. e Sérgio Dávila, diretor de redação da *Folha*. Não vou! Eles esperam uma pessoa divertida, e estou péssimo.

E ele: "Você vai, o máximo que pode acontecer é eles falarem: o Simão estava chato hoje". Verdade!

O mundo não ia acabar! Minha vida não estaria arruinada. Ainda tinha o amanhã!

Tinha ansiedade de desempenho!

Acordava ansioso. Meu programa de rádio de hoje teria que ser melhor que o de ontem!

E ele: "O máximo que pode acontecer é os ouvintes falarem: o Simão não estava bom hoje!". Verdade! O programa é diário. Ainda tem amanhã!

Ninguém é bom todo dia! E os ouvintes sabem disso!

O segundo dever: aprender a ficar em casa! Aliás, aprender a gostar de ficar em casa!

Antes eu achava que se ficasse sozinho sábado à noite era porque estava jogado às traças!

A sensação: jogado às traças! Ninguém me ama! Ninguém me quer!

Olho pela janela: um grupo animado indo em direção à Augusta e eu jogado às traças!

143

E ele se exemplificando: "Gosto de ficar sozinho em casa, coloco uma música, abro um vinho e cozinho meu prato predileto!".

Era a definição do paraíso!

Passei a ficar em casa: um som, uma série na TV, laricas!

Ninguém vai chegar!

Como disse o Cristiano Ronaldo no seu documentário: "Gosto de morar sozinho. Me deito a hora que quero e nado a hora que quero".

Depois veio a pandemia. Fiquei isolado um ano e meio! Eu tinha aprendido a gostar de ficar em casa. Só isso já valeu a terapia!

A única coisa que ele não conseguiu me curar: pânico de palco!

Ele não se conformava! "Só vou ficar satisfeito no dia em que te ver na Globo! No programa do Jô." Acho que ele é que queria ser famoso!

Ansiedade!

Eduardo dizia: "A ansiedade é que nos move. O problema é quando ela se descontrola".

Fica descontrolada. Louca!

Vai pra balada e acorda na sarjeta!

O produtor do programa da BandNews FM me pede a pauta uma hora antes do programa. Digito: ANSIOSO!

Ansioso!

Esperei ansioso minha primeira dose da vacina. O amigo que ia me levar no drive-thru perguntou: "Ansioso?". SIM!

Marcel Duchamp: a curiosidade é que nos move!

O terapeuta: a ansiedade é que nos move!

Tudo isso aconteceu antes da depressão do Boechat.

Que dupla! Um deprimido e outro panicado!

Ah, outra coisa que aconteceu comigo: fogo no rabo!

Comecei a convidar os amigos pra sair em vez de esperar que eles me convidassem!

Topava qualquer coisa. Fui a 1830 pré-estreias da Patricia Casé!
Tirava foto com o Rei Leão!

Abraçava a drag fantasiada de Malévola!

Topava qualquer coisa. "Quer vir comigo assistir à peça de um amigo meu?" Quero! Topo! Vamos!

Parecia bombeiro, trocava de roupa em dois segundos! Pronto!

E aí veio a pandemia.

E todo mundo ficou sequelado!

31. Religião:
Ateu místico!

Se Deus fosse gay o mundo seria mais arrumadinho!

Madonna disse que a melhor religião do mundo é a católica: você peca, se confessa, é perdoado e... peca de novo!

Eu sou católico apostólico baiano! ACREDITO EM TUDO!

Fui batizado na Igreja Católica. Naquela água fria. Mas não sei quem é meu padrinho!

Na minha família não se falava em religião. Meu pai era ateu. E minha mãe, como seguia tudo o que ele fazia e pensava, também não tinha religião!

Na escola todo ano se organizava uma primeira comunhão coletiva. Iam todos juntos pra igreja, de uniforme.

Para que eu não ficasse por fora ou fosse discriminado, minha mãe me levou. Fui direto para o confessionário, me ajoelhei diante da cortininha.

Do outro lado ficava Deus!

E sem saber o que falar, falei como todo menino: "Menti pra minha mãe". Penitência: um Padre-Nosso.

Como não sabia rezar me ajoelhei em frente ao altar e dei um tempo que achava necessário para se rezar um padre-nosso.

Tomamos café com leite na sacristia. Chegamos em casa e levamos um esporro. Meu pai já sabia daquele ato furtivo. Estava furioso!

Crisma! Ainda existe crisma?

Crisma é a segunda dose do batismo! É pra garantir!

Tinha um tio em São João da Boa Vista. Ele era mecânico!

Eu o amava muito e ele me amava. Minha mãe lhe concedeu ser meu padrinho de crisma.

Simbólico. Porque nunca fui crismado. A gente conversava muito e uma noite ele me disse: "Vou viajar. Minha mãe morreu em Presidente Prudente". Ela era prostituta!

Salvador, Bahia!

Astrid Fontenelle me chamou para ir à igreja de Nosso Senhor do Bonfim, na Colina Sagrada!

Chegamos na igreja, me ajoelho e faço o sinal da cruz. Astrid: "Ué, mas você não era ateu?"

"Sou, sou ateu místico!"

O drama! O martírio! *Yo soy la peor del mondo*. Sor Juana Inés de la Cruz!

Conheci uma menina viciada em cocaína! Ela ficava cheirando em frente a uma estampa de Bom Menino Jesus de Praga, pendurada na parede!

E ficava repetindo: "Ai, meu Bom Menino Jesus de Praga, só mais uminha".

Os orixás!

Eu sou filho de Ogum.

Um tipo de Ogum que mora com Oxóssi no oco de uma árvore!

Eu sou do tempo que cabra dançava na roda da sucessão, para escolher a próxima mãe de santo!

Nunca mais fui ao candomblé. Tenho medo de bolar, entrar em transe.

Mas queria ver minha amiga baiana Claudia receber Xangô. Ela dançava maravilhosamente!

Neide do Zanzibar me disse: "Orixá não entra em carro". Aí fiquei dentro do carro, olhando de longe.

Terreiro é aberto! Quando deu um silêncio, arrisquei: vou olhar pela janela. Andei em direção ao terreiro quando saiu Oxóssi gritando.

Ele assobia, um silvo. Com uma folhagem na mão correndo na minha direção.

Saí correndo pela mata. Oxóssi foi atrás de mim. Eu apavorado, sabe quando a pele arrepia? Oxóssi não estava me perseguindo, apenas tinha que dar a volta na casa!

Passamos a frequentar Mestre Didi, filho carnal de Mãe Senhora e artista plástico com obras no MoMA!

Ele atendia em seu apartamento no Morro do Gato, em Salvador.

Ele me deu um patuá que até hoje carrego guardado na carteira!

Me passou uma reza africana escrita à mão num papel. Guardei na carteira por anos, até que esfarelou.

Quando meu marido Antonio Salomão ficou doente, eu rezava em algum idioma africano bem alto. No terracinho da área de serviço!

Antonio morreu, joguei num só lance todas as minhas estátuas dos orixás no chão. Virou tudo caco! Como ficou a minha vida! O não acreditar mais. O vazio!

Perguntei a um muçulmano: "Por que Alá não resolve seu problema, sua aflição?". "Porque Alá é muito ocupado, não pode atender todo mundo!"

Jamais seria religioso porque é tudo não pode. Não pode!

148

Toda cidade de interior tem a mulher do padre. Os que não têm, comem os coroinhas!

Morava na casa dos meus pais em São Paulo quando tive uma série de gripes.

Marlene, que trabalhava em casa, era da umbanda.

"Vou aproveitar o dia que sua mãe vai ao shopping e vou trazer o Caboclo Sete Flechas." Achei que era só um passe.

Quando a mulher chegou, se concentrou, deu dois tremores no corpo e incorporou. Bebeu pinga, fumou charuto, vestiu um cocar e colares, desenhou grafismos no chão com giz.

Minha mãe chega mais cedo do shopping, abre a porta do quarto e Marlene diz: "Dona Yollanda, esse é o Caboclo Sete Flechas". Minha mãe estendeu a mão e disse: "Muito prazer!".

Quando menino, eu tinha medo de procissão.

Aquelas velas. A Verônica aparecia fantasmagórica, cantando dramaticamente. E desenrolava um pano transparente com a cara de Cristo com as chagas. Que foram enxaguadas na cruz.

Me afastava, com os olhos arregalados! Eu não fiz nada! Eu não sou culpado de nada!

Nunca entrei numa sinagoga! Só vi em filme.

Adoro aquelas barbas brancas, o candelabro e quando desenrolam o papiro. Não entendo a religião judaica, mas comemoro todas as datas nas casas dos meus amigos. E vejo fotos no Instagram da minha amiga Joyce Pascowitch.

Que eu chamo de Bimba!

O que mais adoro nos judeus: o humor e a inteligência. Todo ano eu perguntava pra Rosa do Z Deli: "Rosa, quantos prêmios Nobel este ano?". "Uns oito!"

Estava numa padaria *kosher* aqui perto de casa. Dois judeus ortodoxos estavam ao meu lado. Um deles me perguntou: "Qual sua nacionalidade?". Respondi:

"Brasileiro."

"Não, sua ancestralidade."

"Libanês."

Aí ele falou pro outro:

"Ele é fenício."

Morava num prédio no Jardim Paulista. Sempre descia no elevador com uma senhora. Ela tinha um número tatuado no braço! Era sobrevivente do Holocausto.

Eu e Gilberto Dimenstein éramos vizinhos. E sempre brincávamos sobre Israel e Palestina: "Toda vez que tem uma ameaça de paz, eles entram em guerra!".

Não gosto de evangélicos. São fiscais de cu. Aliás, quase todas as religiões são. Mas a evangélica é obcecada!

"Todas as religiões são idiotas." Woody Allen!

Eu queria ser budista! Mas religião dá trabalho!

32. Egito:
Eu falei faraó!

O Egito é nosso velho conhecido!

O Egito tem 400 mil anos de civilização. E oitenta anos de músicas de Carnaval!

Alá-Lá-ô! Alá, meu bom Alá! Mande água pra ioiô! Mande água pra iaiá!

É o Tchan!

No Egito!

Carla Perez e Scheila Carvalho de odaliscas rebolando de barriga de fora!

Minhas primas saíam no Bloco das Odaliscas!

Múmia no Brasil virou ofensa!

Diz a piada que o Sarney vai ser enterrado nas Pirâmides!

Margareth Menezes grava "O Faraó"!

Eu tenho um vídeo do tempo da quarentena em que uma baiana grita desesperada pela janela: "EU FALEI FARAÓ!".

E todos os outros prédios respondem aos gritos: "Eu falei faraó!".

E eu vi um filme pornô brasileiro em que um cara fantasiado de múmia comeu o cu do faraó! É a mistura do Brasil com o Egito!

Cairo!

Já deu treta no aeroporto.

Você tem que pagar um selo de cem dólares para entrar no país. Demos uma nota de cem e eles não aceitaram! Alegaram que a nota era velha! De 1998! Mas dólar é dólar! Não tem validade. Não é que eu achei esses dólares num baú no velho oeste. Devia ter alguns anos. Acho que eles queriam o dólar do ano!

Depois de muitas negociações entramos no Egito!

Cairo é uma cidade com prédios de três andares cinza descascando. É uma cidade anos 1940!

Quando Cairo estava no esplendor, era a Paris do Oriente!

E as mulheres reclamam muito do assédio nas ruas da cidade!

No lado moderno de Cairo tem mulheres de saia curta e cabelão tipo pantera. Tem blogueira egípcia!

Mas quanto mais você vai se distanciando do centro começam a aparecer mulheres de burca, de preto!

As pirâmides!

O asfalto está a poucos metros das Pirâmides.

A esfinge está praticamente dentro de uma loja de perfumes!

Mas nada, nada, nada tira o impacto de ver as Pirâmides. Elas são muito grandes, grandiosas! Muito mais do que se imagina.

Elas têm várias cores: cinza, areia, rosa!

Elas são silenciosas. Elas estão ali! Aos pés das Pirâmides tem passeios de camelo! Não fui! Tenho medo!

Gustavo foi!

E me disse que do outro lado das Pirâmides é um silêncio total, só se ouvem as patas do camelo na areia.

Os cameleiros ficam reunidos conversando, como em ponto de táxi.

Eles sabem que somos brasileiros. De repente escuto um som esquisito: "Rauuuul, rauuuul". Penso que é o mugido dos camelos. Não, era o cameleiro gritando Raúl, o jogador de futebol! Jogador de futebol é o passaporte do brasileiro!

Museu do Cairo!

O grande hit do museu: a máscara dourada de Tutancâmon.

Não me impressionei. O que me impressionou é que os egípcios inventaram tudo!

A cadeira dobrável, o contêiner. O contêiner! Hoje se diz: está chegando um contêiner da China. O contêiner é egípcio!

E múmias, muitas múmias!

No Egito, se você cavar meio metro encontra uma múmia!

Ou um pedaço de osso, uma estatueta, um tijolo! Até hoje é assim.

Eu vejo no Discovery!

Múmia é sem graça! Tem mais múmia na parte egípcia do Louvre e no British Museum que no Museu do Cairo. Roubaram tudo!

O Jô Soares pôs em um dos livros dele que a alfândega não tinha como classificar as múmias que Dom Pedro II ganhou no Egito.

A solução foi colocar: carne-seca! Entraram no Brasil como carne-seca!

O Nilo!

O mel da viagem!

Descer o Nilo!

Momento pelo qual tinha sonhado por toda minha vida!

O barco! O barco era pequeno, de madeira. De filmes de Agatha Christie!

Só faltava acontecer um assassinato. Só faltava entrar Hercule Poirot.

E eu ser suspeito e não ter álibi!

Um barco exclusivo, quarenta pessoas. Não era navio de cruzeiro! Às cinco serviam o chá! Com aquela bandeja de *petit fours* de três andares. Nós éramos ingleses!

O Transe!

Era Ramadã no Egito!

Todas as mesquitas ao longo do Nilo estavam iluminadas!

Com néons amarelo, vermelho, verde, azul!

E os muezins, alguns de megafone, cantavam o dia inteiro, a noite inteira!

Vou pro terracinho do camarote! Descíamos o Nilo com aquele som hipnotizante.

Era mesquita atrás de mesquita!

O som hipnotizante. O movimento da água!

ENTRO EM TRANSE!

Eu não sou mais eu! Eu havia sumido! Havia sido absorvido pela água, pela vegetação, pelo céu! Entrei num mundo desconhecido!

Eu era eu mas não era eu! No Nilo. Na África muçulmana!

O Susto!

O barco tinha três vans para passeios. Resolvo: "Gustavo vai na primeira van que vou ficar no barco tomando sol".

Gustavo embarca na primeira van. Sai a segunda van. Na terceira van, o guia me convence: "Você vai ficar sozinho no barco, o passeio é lindo!".

Embarco na terceira van, tento me comunicar com Gustavo pelo celular, não tinha sinal. Gustavo volta ao barco na primeira van. Pergunta por mim! "Não tem ninguém no barco, senhor!".

Gustavo corre pro camarote. Meu passaporte e celular estavam no cofre. Desapareci. No Egito!

Gustavo surta! Horas depois desembarco da terceira van. Com um turbante branco e um sorriso de orelha a orelha. Sou recebido com um grito de: "Filho da puta!".

Templo de Ísis!

O Templo de Ísis fica numa ilha no meio do Nilo!

Colunas cor de areia!

Uma carioca comprando na barraca de suvenir! O vendedor oferece um crocodilo do Nilo: "Jacaré não quero, jacaré na minha terra tá cheio!".

Compra um penduricalho e ameaça: "Se o troco tiver errado EU VOLTO AQUI". Não era na esquina da casa dela. Era numa ilhota no meio do Nilo cercada de crocodilos! Volta, sim!

No Templo de Ísis tem crocodilos mumificados!

Edfu!

O barco atraca numa cidadezinha, Edfu!

Era o mês do Ramadã. Importante evento religioso do islamismo.

No Ramadã é assim: não pode comer, não pode transar, não pode fumar, não pode nem beber água até o pôr do sol.

À noite o bafo rola!

As noites ficam animadíssimas!

Fomos passear na cidadezinha: rua central pegando fogo!

E não tinha uma pessoa com roupa ocidental. Parecia filme de Indiana Jones!

Os homens animados jogando gamão e fumando num café de esquina!

Havia uma loja promovendo liquidação de véus!

Aqueles véus finos para cobrir a cabeça.

A liquidação bombava!

É como liquidação de top de lycra no Brasil!

Tinha fila esperando para entrar na loja! Saía vinte e entrava vinte!

Ninguém olhou para nós! Nós éramos invisíveis!

Ninguém queria desperdiçar um minuto valioso na noite em pleno Ramadã olhando para dois brancos com roupas ocidentais!

O Vale dos Reis!

Descemos no Vale dos Reis. As tumbas! O mundo subterrâneo! Alucinógeno!

As paredes das tumbas com cores vivas! Cores africanas: o vermelho vermelho, o amarelo amarelo. Não tem matizes!

Corredores largos, rodeados dessas pinturas alucinógenas!

O egípcio com cabeça de falcão. Todos de perfil.

Admirei minha coragem de descer, descer, descer por esses corredores até o centro do planeta!

E aí: ELE!

A tumba do faraó!

Prender a respiração! Majestosa! Poderosa!

Depois dessa viagem psicodélica, saio, a cabeça vê a luz do sol. Um deserto vermelho amarelado!

O Vale dos Reis. O Vale das Rainhas estava fechado! Queria ver mesmo o Vale das Rainhas! Com esse nome de minissérie!

Nas pinturas das tumbas os egípcios estão todos de perfil. Por isso que no Brasil quando uma pessoa é antipática e só mostra o perfil se diz: não faz a egípcia!

Mesquita Al-Azhar!

Nosso guia português era folgado, sentava-se numa mesinha de café, pedia um narguilé e falava: "Dia livre, tem uma mesquita logo ali".

Fomos, entramos e vários repórteres com câmeras da BBC entrevistando as pessoas.

Árabes, franceses, asiáticos, deitados no chão da mesquita.

Era a Mesquita Al-Azhar. Centro da Irmandade Muçulmana. A efervescência do islamismo!

Um senhor se apresentou para nos mostrar a mesquita. Pegou um molho de chaves, abriu a porta e era o túmulo de um profeta. De repente nos abraçou e começou a cantar. Ficamos encantados!

Era o *muezim* da mesquita!

Aquele que canta do alto do minarete chamando para as orações!

Seu nome era Said! Aí veio a Primavera Árabe. Houve eleições. A Irmandade Muçulmana ganhou!

O Exército não aceitou e deu um golpe. E matou milhares da Irmandade Muçulmana. Seu Said deve estar morto!

Sharm el-Sheikh!

O Mar Vermelho!

Sharm el-Sheikh fica no Mar Vermelho!

A segunda maior parede de corais do mundo! É para mergulhos!

Mas como eu não abro o olho embaixo da água peguei uma excursão num barco com fundo de vidro, um submarino submersível!

Milhares de peixes. Milhares! Amarelos, pretos de bolinhas brancas, vermelhos com rabos exuberantes!

De vez em quando aparecia um mergulhador e o guia fazia a piada de sempre: "Esse peixe se chama turista". As pessoas riam!

Turista é feliz! Todo turista é feliz. Se você encontrar um turista infeliz é porque a viagem deu muito errado!

Do outro lado do Mar Vermelho se avistava uma montanha marrom enorme! Uma mancha marrom.

Era a Arábia Saudita!

O mundo proibido! O reino da família Saud. Corruptos, os que rasgam dinheiro! Uma princesa saudita quebrou um quadro na cabeça do marido. Era um Picasso!

157

O Egito é quente.

O ponteiro marcava 48 graus!

O Egito é quente.

Mas se você vai para a sombra o calor acaba, apenas o frescor da sombra. O Brasil é quente, mas se você vai para a sombra fica apenas menos quente!

A turista disse pro marido: "Aqui só tem tijolo e defunto!".

O menino de dez anos, querendo alugar sua charrete, botando a mão no coração e gritando pra mim: "I love you! I love you".

Eu desenhei um camelo e não coube no papel. Fiz o pescoço muito comprido!

A Tumba do Faraó é dourada!

As cores das tumbas são africanas!

A cabeça roda!

O Egito é uma viagem psicodélica!

33. Istambul:
Nós, os turcos!

Minha família é libanesa. O Líbano e a Síria pertenciam à Turquia.
Ao Império Otomano!
Ou seja, os passaportes dos meus avós eram turcos.
No Brasil ficamos conhecidos como os turcos.
Meu pai ficava indignado de ser chamado de turco. De ser confundido com um país que oprimiu seu povo.
Um tio de família brasileira me chamava de Zé Turquinho!
Detestava isso!
Jorge Amado escreveu "A descoberta da América pelos turcos".
Que aportavam em Ilhéus. No bar do Seu Nacib!
Muita gente entende errado a Turquia.
Um amigo estava indo para Istambul e me disse: "Vou trocar minha mulher por cem camelos".
Na Turquia não tem camelo. E os turcos são muçulmanos, mas não são árabes, vieram dos Bálcãs!
A Globo exibe *Salve Jorge*, de Glória Perez.
Passada grande parte na Turquia!
E provoca uma invasão de turistas brasileiros na Turquia!
Pra andar de balão! Não andei de balão. Tenho medo de altura.
E quem vê muito do alto vê tudo mas não vê nada!

Só imensidão, mais nada!

Fui a Istambul duas vezes!

1992!

Na primeira vez ficamos no melhor hotel da época, o Çiragan.

Que era o palácio de um sultão!

À beira do Bósforo! Abro a porta do terraço e vejo o Bósforo! Minha viagem estava feita! Olhando aqueles navios indo e voltando do Mar Negro!

Dava até para ver a boia em que 007 ficou agarrado. Em *Moscou contra 007.*

Tudo rescendia a mistério. Quer nome mais misterioso que Mar Negro?

O Bósforo é um estreito que liga o Mar Negro ao Mar de Mármara e separa a Ásia da Europa. Acabei de ler no Wikipédia!

Nunca me interessei em saber se estava pisando na Ásia ou na Europa. O céu era o mesmo!

Dois locais importantes para a História e para os turistas: Mesquita Azul e Hagia Sophia.

Grandiosas, lindas!

Nas duas a mesma sensação: você se sente uma formiguinha!

Ficam uma em frente à outra. Cara a cara. "Eu sou mais linda que você!" "Não, eu sou a mais linda!"

No meio das duas, um jardim!

Uma praça! Como diria: singela, brasileira. De cidade do interior do Brasil. Adorei essa praça!

Essas mesquitas são deslumbrantes, poderosas. Mas na realidade, não me dizem nada!

Estava agendada uma festa de casamento nos terraços do hotel. Bem abaixo da janela do nosso quarto!

Não vamos dormir essa noite, pensamos.

Começaram a chegar os convidados. Tudo gente rica.

E ao contrário do que pensávamos, o casamento era silencioso! Eles não bebem. Pelo menos em público. Eles são muçulmanos. Eles não bebem!

Não falam alto. Não gritam. Não fazem trenzinho! Os ricos fazem pose com uma taça de água entre as mãos!

De Istambul fomos pra Itália.

Na migração um cachorro pulou em mim.

E um italiano mal-encarado me perguntou: "*Dove va?*". Onde está indo? Pra sacanear respondi: "Milão, Veneza, Florença, Siena, Pisa, Portofino, Roma, Nápoles, Palermo". E ele: "*Va bene, va bene*".

Entramos!

2014!

Istambul estava tão mudada!

Na parte de cima da cidade, prédios de vidro. Que abrigavam shoppings de luxo!

As turcas de Vuitton e Gucci! Parecia os Jardins!

Já tinha Fashion Week Istambul. Festival de Cinema de Istambul. Jovens tatuados! Blogueiras de minissaia e cabelão! O Museu de Arte Moderna, Istambul Modern. Onde almoçamos no terraço com as gaivotas voando sobre o Bósforo!

Contra um céu azul. O dia estava luminoso!

Nossa guia falava português.

Aprendeu com os Saad. Da Band!

Os Saad iam muito a Istambul. Por causa das novelas turcas!

A Band exibia novelas turcas!

É tipo novela mexicana, só que turca!

No passeio pelo Bósforo, ela apontava para mansões: ali foi gravada a novela *Asas do amor*! Naquela outra também foi gravada uma novela, *Amor proibido*!

Nossa guia era mulher e cristã!

E dizia preocupada: "Se Erdogan ganhar as eleições estou ferrada!".

Erdogan ganhou.

Erdogan é um ditador conservador, de extrema direita e veio do interior.

Onde tem suas bases, conservadores e supermuçulmanos! Erdogan não pode ser contrariado. Quem o contrariar, apanha! Bateu e prendeu centenas de jornalistas. Bateu e prendeu centenas de artistas e gays. Prendeu todo mundo, por paranoia. É um tipo Bolsonaro mais violento!

Erdogan é amigo do Putin. Por isso se vê que é coisa que não presta!

Topkapi!

O Palácio do Sultão!

Topkapi são vários pavilhões!

O pavilhão das joias dos sultões tinha uma fila imensa!

Tudo bem. Não gosto de joias. Nunca gostei. Gosto de panos. Gosto mais de panos que de joias. Meu dinheiro agradece!

O pavilhão do fio da barba de Maomé. O profeta!

Uma sala escura com apenas uma vitrine iluminada. Dentro da vitrine uma ampola com o fio da barba de Maomé. Um fiozinho branco!

No canto um religioso declama versos do Alcorão! Climão! O pavilhão é climático!

Lembro que o locutor esportivo Silvio Luiz tinha um bordão: "Pelas barbas do profeta!". A bola passava por cima do travessão e ele gritava: PELAS BARBAS DO PROFETA!

E o pavilhão que eu mais ansiava entrar: o Harém!

Um corredor estreito dando para uma porta gradeada. Com uma placa em cima: HARIM!

Do lado esquerdo da porta uma guarita onde ficava o eunuco. Os eunucos são negros, geralmente do Sudão! Eles têm uma adaga na cintura!

Nas ilustrações e quadros de haréns são sempre mulheres seminuas, lascivas à beira de uma piscina! Que nada!

Logo na entrada um corredor exíguo com cubículos. Onde ficavam as recém-chegadas, capturadas em navios ou batalhas!

Francesas, inglesas, búlgaras. Por isso que tem até sultão ruivo!

No corredor uma bancada de cimento onde colocavam a comida. Elas competiam para ser a favorita do sultão, ter um filho e virar a sultana, a mãe do sultão!

Fiquei fascinado por esse mundo proibido, queria tocar nos tecidos, nos azulejos, guardar na memória coisas que a foto de celular não capta!

Já tinha lido uns dez livros sobre harém!

Elas precisavam se eliminar. E havia um único jeito: o estrangulamento. Elas se estrangulavam! Para ser a favorita!

A sultana fazia conchavo com o eunuco para escolher a favorita. Política! Centro de intrigas. Núcleo da sucessão de sultões!

Era uma casa de família!

O sultão tem uma privada de ouro!

No centro da cidade comemos um churrasco grego delicioso. Não era churrasco grego da avenida São João. Era um senhor churrasco grego! Dos deuses!

A guia, a cristã, a empoderada, a possível vítima de Erdogan, ficou feliz que tivéssemos gostado tanto!

Ficamos no Soho Hotel, um hotel supermoderno. Apartamentos com aparelho de som e bandeja de bebidas!

Podia dar uma festa, se quisesse!

Gustavo queria comprar louças turcas. Foi sozinho. Fiquei deitado no sofá vendo TV. Uma tarde em casa!

As louças estão nos nossos apartamentos! Uma eu uso para colocar a máscara e o controle remoto!

Com certeza não irei a Istambul pela terceira vez!

Enquanto houver Erdogan!

Não andei de balão! Traí o folheto de viagens!

Traí a Glória Perez!

34. Jordânia:
A Bíblia viva!

Nosso guia falava português!

Os pais eram palestinos asilados no Brasil.

E mandavam CDs de trilhas sonoras de novela! Ele adorava!

Rumo a Petra paramos num belvedere na montanha.

"Aqui Moisés avistou Canaã!" Ah, não!

Não é possível que eu esteja pisando no mesmo lugar onde Moisés esteve quando avistou Canaã.

Sim! Eu estou!

A Jordânia é toda assim, bíblica!

Muito louco estar no lugar onde Moisés avistou Canaã!

Ao som da trilha de *Avenida Brasil*, no carro do guia!

O louco por trilhas!

Prosseguimos!

Ouvindo a trilha de *Pecado Capital*!

Dos dois lados da estrada acampamentos de beduínos!

Tendas e cabras!

O guia disse: "Eles têm onde morar, mas preferem morar assim".

Aham! Sei!

As estradas na Jordânia são em esses!

Chegamos em Petra.

Ficamos no melhor hotel. Com um senão: estava em obras!

A janela de nosso quarto dava para um andaime. E eu não queria ficar pelado na frente dos *cafuçus*!

Petra fica no deserto de Wadi Musa.

Indiana Jones e a última cruzada foi filmado em Petra!

Onde Harrisson Ford e seu pai Sean Connery atravessavam um cânion rosa e de repente surgia aquela fachada enorme rosa.

Quarenta e três metros de altura entalhada na pedra rosa!

Petra é toda rosa!

Petra é do século I a.C., Petra tem oitocentos mausoléus e arenas.

Digo pro Gustavo: "Visita rápido que eu quero ir embora hoje!".

E fomos!

Gostei de Petra?

NÃO!

Achei sem graça! Prefiro o rosa dos flamingos!

Fomos direto pro Mar Morto!

Mar Morto!

Por causa do excesso de sal todo mundo boia!

As pessoas tiram fotos boiando lendo jornal.

Foto boiando fumando charuto!

Tem que ser fotos em situações engraçadas!

Pois eu, ao contrário, entrei em pânico. Queria pisar no chão!

Não conseguia!

Queria esticar as pernas e as pernas voltavam pro queixo!

Não tinha mais controle sobre meu corpo!

As pernas tinham livre-arbítrio.

Só faziam o que queriam. Ou seja, boiar!

À noite jantei uma galinhada da Arábia Saudita!

166

Do outro lado do Mar Morto se avistavam luzinhas.

O garçom disse: "É Jericó e Jerusalém".

Meu Deus!

Toda a história da humanidade passou pela minha cabeça!

Subi para o quarto e fiquei no terraço, continuando a observar Jericó e Jerusalém.

Luzinhas mágicas. Pequeninas! Ao longe! Quase levitei!

Em Ezequiel, há uma profecia que diz: "Essas águas saem para a região oriental e, descendo, entrarão no Arabá e irão em direção do mar, no mar entrarão as águas que se fizeram sair, e as águas ficarão saudáveis".

O Mar Morto é na realidade um lago! Um lago salgado!

O rio Jordão!

O rio Jordão virou um riacho!

Pobrinho, de três metros de largura.

O rio Jordão tá secando!

Daqui a dez anos será "aqui era o rio Jordão"!

Eu esperava encontrar um rio caudaloso, poderoso, como nas ilustrações bíblicas!

Não, era um riacho de três metros de largura.

Três metros separam Israel da Jordânia!

Do lado de Israel é um bunker de granito imenso!

Com uma escadaria que dá no rio!

Do lado da Jordânia é um caramanchão com chão de terra e bancos de madeira!

O protocolo de segurança é o seguinte: toda vez que um solda-do de Israel se levantar e empunhar uma metralhadora, o soldado jordaniano tem que se levantar e empunhar um fuzil!

Era uma brincadeira hilária de senta, levanta, senta, levanta!

Um soldado israelense empunhou a metralhadora e escoltou uma fotógrafa até o rio.

O soldado jordaniano imediatamente se levantou.

Com uma má vontade! Com preguiça!

Um lado da camisa pra fora da calça! Parecia o Sargento Taínha. Do *Recruta Zero!*

Gustavo estava tirando fotos do bunker com as bandeiras de Israel.

Fiquei nervoso: "Não tira fotos de Israel! Na alfândega vão pensar que você é um espião".

É que tenho paranoia de migração. Senão não teria nem pensado nessa idiotice!

Os evangélicos se batizam em Israel, onde o rio é maior.

É daí que eles enchem as garrafas para vender nos templos: "Água do rio Jordão".

Quando o rio Jordão secar eles vão vender água da bica!

Como se fosse do rio Jordão!

Que virou um riacho! Que tá secando!

Não podíamos deixar a Jordânia sem visitar o local onde Cristo foi batizado!

A van não para perto. Para longe.

Fomos andando sob um sol escaldante. Um casal espanhol com a filha nos ombros definiu: "Que mico". Que mico!

Não tinha uma desgraça de uma sombra. Não podia blasfemar.

Sou ateu místico!

Naquele momento eu acreditava em Jesus. Estava imbuído pelo sentimento religioso.

E é muito louco estar pisando onde Jesus pisou!

Jesus andava por essa região. Com sandálias.

Eu estava seguindo o rastro das sandálias de Jesus!

Finalmente chegamos ao local onde Cristo foi batizado.

Um quadrado de pedras e areia vermelha. Seco!

Aqui era o rio Jordão. Que está secando!

Onde Cristo foi batizado estava bem longe de onde fica o atual rio Jordão!

Aman!

Aman é uma cidade toda branca!

Caiada! Alva!

Em Aman tem um calçadão!

Uma mulher jovem e linda, toda de preto, desce de um Mercedes para passear no calçadão!

Estávamos passeando no calçadão e acendemos um cigarro.

O guia advertiu: "É melhor não fumarem aqui porque vocês parecem árabes e o povo pode se revoltar".

Era Ramadã, por motivos religiosos não podia fumar, nem comer, nem beber! Até o pôr do sol!

Sempre viajo para os países árabes no Ramadã!

A primeira vez que estive no Marrocos também era Ramadã!

Eu tinha vergonha de beber água na frente daqueles que estavam passando sede!

Em Aman visitamos uma cidade romana e comemos a melhor comida libanesa num caramanchão.

A Jordânia é lotada de caramanchões!

As folhas amenizam o calor! A sombra fica mais sombra! Tem mais frescor!

Das padarias de Aman sai um aroma de canela e passas!

Quando cheguei no Four Seasons de Aman, me perguntaram: "O senhor precisa de alguma coisa?"

"Preciso, de um médico!"

Toca a campainha do quarto!

Era o doutor Mohamed!

Doutor Mohamed fala em francês com uma cliente pelo celular. Explico que estou com a garganta inflamada. Pelo tanto de ar-condicionado do Egito!

"Vou pedir um antibiótico." Eu tenho!

Eu sou hipocondríaco!

Pego um sacolão e jogo tudo na cama!

Doutor Mohamed olhou para os remédios e olhou para Gustavo. Ficou incomodado porque a cama era de casal!

Doutor Mohamed era muçulmano!

Doutor Mohamed parecia uma máscara de Carnaval. Aquela que vem o bigode e o nariz e os óculos juntos!

No Saara do Rio tem pra vender!

Jordânia!

Onde Moisés avistou Canaã!

Onde Cristo foi batizado!

Onde o rio Jordão é sagrado!

A Bíblia viva!

É quase inacreditável!

35. Dubai:
Business is Business!

Dubai é o Salão do Automóvel 2050!

Se algum país erguer um prédio mais alto que o mais alto dos prédios de Dubai, Dubai imediatamente construirá um prédio mais alto do que o do país que ergueu um prédio mais alto que Dubai!

Todos os arranha-céus terminam em uma ponteira. Dubai vista de cima parece um agulheiro iluminado!

Fomos pra Tailândia via Dubai!

Pela Emirates!

As camisetas dos atletas! É uma mansão de luxo voadora!

É a mansão da Britney Spears voadora!

Quando todas as luzes se apagam, o teto vira um céu estrelado de led!

Não é barra de cereal. É barra de lagosta!

A poltrona vira uma cama muito melhor que a cama daqui de casa! Acho que vou morar na Emirates!

Quando sobrevoamos o Egito já era dia.

E um professor na nossa frente pegou um caderno e tomou notas olhando pela janela. Olhei pela janela e só vi areia!

São quinze horas de viagem. Você é trilionário por quinze horas! Entretenimento: 180 filmes! Cento e oitenta filmes e escolhi *A era do gelo 4*. Que era a temperatura do ar-condicionado.

Em Dubai tem ar-condicionado até em ponto de ônibus! E alguém anda de ônibus em Dubai? Anda.

Os varredores indianos dos quatrocentos shoppings!

Chegamos no hotel Jumeirah Beach e Gustavo falou: "Parece o filme da minha infância, *Aladdin*".

Havia um repuxo e um preto todo de branco com uma adaga na cintura!

Famintos.

Como eu tenho paladar infantil corri pro bufê kids!

Cascata de camarões, aaaargh, eu quero bufê kids.

Não gosto de comida. Gosto de larica! Pizza, cachorro-quente, brigadeiro e bolo. E se pudesse comeria macarrão na manteiga todos os dias. Como Marcel Duchamp em Nova York!

No quarto acessamos o Facebook. Bloqueado!

Apareceu na tela: bloqueado pelos Emirados Árabes Unidos!

O hotel tinha uma praia particular, areia branca e a cor do mar azul, azul, azul da cor do céu!

Mergulhei no Mar da Arábia!

Nunca imaginei que um dia iria mergulhar no Mar da Arábia!

Na quina do Golfo Pérsico!

Vi um navio dobrando em direção ao Golfo Pérsico! A geopolítica! Procurei um hidroavião americano. Como nos filmes!

Na manhã seguinte uma van passou para nos pegar. Rumo ao deserto!

Dunas, dunas e mais dunas!

O sol bola de fogo!

O deserto nos consome. O deserto dá vontade de seguir adiante. O deserto é silêncio.

Só os árabes ouvem os barulhos do deserto!

Lembrei de Paul Bowles em O céu que nos protege. Lembrei daqueles filmes B de Hollywood em que a heroína galopa a cavalo pelo deserto e a maquiagem continua intacta!

De repente, paramos num acampamento armado como um circo!

Passeios de camelo. Dança do ventre. A dançarina do ventre era um bagulho. Com uma espada na cabeça!

Dançarina do ventre magnífica é caro. E aqui era uma arapuca pra turista!

Estávamos na porta do shopping quando estacionou um Porsche 2099, daqueles que as portas abrem pro alto e pros lados.

E desceu uma mulher toda de preto, com uma burca bordada de pérolas e diamantes!

Se eu seguisse aquela mulher e um diamante soltasse da burca, estaria rico pro resto da vida!

Pegava o diamante, voltava pro Brasil e comprava um Porsche igual ao dela!

Nas vitrines, burcas de Valentino, Gucci e Chanel.

A mulher subiu um degrau e vi que ela estava calçando um tênis da Nike!

O shopping tinha um aquário. Imenso. Do tamanho do shopping Iguatemi! Um shopping dentro de outro shopping!

No shopping tem uma pista de esqui e neve!

Os turistas adoram tirar fotos encostados no vidro com a pista e a neve atrás. Pra mostrar pros amigos: "Olha, em Dubai tem pista de esqui e neva!".

Em pleno deserto!

Dubai tem muito dinheiro. Dubai faz nevar em Dubai!

Se um casal se beijar na praia vai preso, se você estiver de biquíni, vai presa!

A homossexualidade, evidentemente, é proibida. Mas eu vi um monte de gays trabalhando nas lojas!

A corrida de camelos é hilária!

Os donos dos camelos correm ao lado dos camelos, de Range Rovers! Era uma corrida de Range Rovers!

Os milionários estão sempre de túnica branca e óculos escuros! E Rolex de ouro!

Dubai é conexão para todos os países da África e da Ásia!

Os corredores do aeroporto são alucinantes!

Tribos africanas, todos de azul, tribos africanas, todos de branco, turbantes com estampas absurdas, africana esguia de Chanel e bolsa Prada, filipinas indo trabalhar nas mansões de mármore dos xeiques, monges com túnicas laranja!

O filho do xeique com um falcão tatuado no braço!

É uma cosmópole! O aeroporto de Dubai é uma cosmópole!

Em Dubai, como em todo país muçulmano, o domingo cai no sábado!

Dubai é dinheiro, garangau, grana, dindim!

Business! Billions! Chãos de mármore!

Dubai não é cafona! É outra coisa!

Os astros internacionais de futebol gostam de morar em Dubai!

Os carros alegóricos do sambódromo estão quase chegando na altura dos arranha-céus de Dubai!

36. Miami:
O Morumbi de Cuba

Os aposentados foram os primeiros a ir pra Miami! Porque velho gosta de quentinho!

Depois virou hype. E aí fomos!

Mas a onda não era Miami. A grande onda era South Beach. Bairro art déco ainda não revitalizado! Ainda não gentrificado!

A boate hype era ao lado de uma borracharia. Madonna dançando com Leonardo DiCaprio!

Ficamos num hotel com piscina caiada de azul com golfinho cor-de-rosa! Anos 1950 total!

Fomos comprar CDs de música latina em Little Havana. Você escolhia o CD e puxava, mas: o CD estava trancado! A dona andava com uma chave pendurada no pescoço! Pro povo não roubar!

Little Havana, lotada de cubanos revoltados. Sempre bolando um plano para matar Fidel. Mas Fidel enterrou quatro presidentes americanos! E continuava vivo.

Vivo, não. Num Congresso na Nicarágua o chamaram de El Coma Andante!

Miami é bom porque a arrumadeira é chilena. O barman é da Nicarágua! E o concierge é da Guatemala. E o traficante é mexicano! A atendente do supermercado não sabia falar inglês!

Um amigo foi dar uma palestra em Miami e começou a discursar em inglês. E o público gritou: "*Speak Spanish, please. You are in the United States of America!*".

Fomos jantar num bar-vagão. Na mesa ao lado, dois garotos de programa. Sósias do Ricky Martin! Pra agradar a clientela. Sósia do Ricky Martin fatura mais!

Ricky Martin é Miami raiz!

Em Miami tem as mansões dos barões da cocaína e o palácio da Rainha do Pó!

Fomos para Miami pela segunda vez!

Parecia o Ceará com lojas da Banana Republic!

Tomamos café ao lado de Versace!

Na Ocean Drive! Ocean Drive era uma avenida no mar onde os gays patinavam. Depois virou point de baladas latinas com seguranças na porta. Narcos!

Fomos pela terceira vez, tudo mudado.

A mexicana na praia em frente do nosso hotel cobrava um dólar pelo copo de limonada. Na frente do hotel onde Madonna se hospedava, o copo de limonada custava cinco dólares!

A melhor coisa de Miami: botar uns óculos escuros, uma sandália e já tá pronto pra sair. Para flanar! O mar é azul, o céu é azul e tem palmeiras! Dias felizes!

Aí de repente os brasileiros descobriram Miami! Nada contra. Não sou o tipo "desvia que é brasileiro".

Outlets lotados. Meu agente de viagem me disse: "Eles compram até lata de ervilha". Meu tio comprou uma panela!

Se você vir um monte de areia com uma sacola em cima é um brasileiro!

Uma hóspede do hotel me perguntou: "Você é French-Canadian?". "SOU!"

Mas aí vem o dólar! O dólar sobe e Miami fica mais longe! Vira uma miragem. Uma cidade imaginária!

O dólar desce e Miami vira o vigésimo sétimo estado brasileiro!

Agora só vão grávidas pra fazer enxoval de bebê. E os que compraram apartamento. Na avenida Lincoln, mas na puta que o pariu, lá em cima. Mas aí você abre a janela e vê a imensidão do mar!

À Disney eu só iria se não fosse feio furar fila.

O pai de uma amiga minha, um baiano aristocrata e já meio esclerosado, perguntou para um urso de pelúcia: "De que família você é?".

Orlando!

Orlando é uma maquete!

Uns vinte parentes alugaram uma casa em Orlando e ficaram encantados! Com a cor das casas, com as calçadas, com o gramado. Não tem lixo na rua! Orlando é um copo de papel!

Em Orlando tem açaí e tapioca.

Silvio Santos tem casa em Orlando!

Gugu morreu de uma queda na sua casa em Orlando!

Família brasileira: "Viemos morar em Orlando porque no Brasil não tem segurança".

Larissa Manoela, Leandro Hassum, Juliana Paes, Kaká, Jorge Benjor têm casa em Orlando.

Silvio Santos vai ao supermercado de camisa florida e viraliza!

Miami é o Morumbi do Brasil!

37. Cuba:
A viagem que não fiz!

Já tínhamos decidido: passar o Carnaval em Cuba!

Lá não tem Carnaval.

Mas tem tudo que adoro: música, dança, esculhambação e praias belíssimas!

Gustavo já tinha reservado ingressos para o balé de Alicia Alonso!

Eu já tinha descoberto o endereço do Palácio da Rumba!

Vi fotos. Só rumbeiras antigas. Da pesada!

Sexta de Carnaval, arrumando malas. Eufóricos!

Malas prontas, vou arrumar a mochila.

Gustavo pega meu passaporte e diz: "Seu passaporte tá vencido. Só tem um mês de validade".

Carajo!

Geralmente, os países exigem seis meses.

Bati a cabeça na porta do armário, seis vezes. De ódio!

Solução: passaporte de urgência.

O irmão de Gustavo é juiz federal. Se comunica com o diretor da Polícia Federal de Guarulhos.

Resposta: "Impossível! Hoje é sexta de Carnaval! Não tem mais ninguém aqui!".

Liguei pro consulado de Cuba em São Paulo!

"Não tem problema! Podem ir, Cuba, morenas, rum!"

Ligamos pra embaixada em Brasília.

Atenderam:

"Vão ficar mais de um mês?"

"Não."

"Então vão, Cuba, morenas, rum."

Bem malandros! Animados! Só faltou dançarem salsa pelo celular!

O problema: conexão no Panamá!

Panamá-Havana!

E se o avião atrasar? E se o voo for cancelado?

Panamá exige visto de seis meses para sair do aeroporto!

Não queria dormir no aeroporto do Panamá! Tudo fecha à meia-noite e tem que dormir no chão!

Não queria confusão no Panamá.

Um amigo dormiu no Panamá e assim que saiu pra dar uma volta em torno do hotel apareceram dois mal-encarados: "Amigo! Amigo!".

Enfim, Cuba já era!

Já tínhamos até hotel reservado. Na rede Meliá! Uma rede espanhola.

Mas uma bolsominion me falou que os hotéis de Cuba são financiados pelo BNDES. Só se for pelo BNDES da Espanha!

Ficamos chochos! Cuba estava hype!

Paris Hilton postou selfies em Havana.

Karl Lagerfeld fez um desfile da Chanel ao ar livre, numa grande avenida cheia de árvores!

Beyoncé e Jay-Z estavam em Havana!

O governo americano perguntou para a Beyoncé por que ela queria visto para Cuba. Ela respondeu: "Porque o dinheiro é meu!".

Queria passear de Impala rosa!

Os cubanos são os melhores mecânicos do mundo. Transformam uma batedeira anos 1940 num Oldsmobile anos 1960!

Um repórter da *Newsweek* escreveu que três são os motivos para a vitória da revolução: saúde, educação e habitação.

E três para o fracasso da revolução: café da manhã, almoço e jantar!

Quando Fidel fechou a boate gay El Periquitón, os gays em represália abriram outra boate gay, a Gay Vara!

Hoje, a filha de Raúl Castro, sobrinha de Fidel, é uma grande ativista pelos direitos LGBTI+, Mariela Castro!

Em Santa Clara tem show de travestis ao ar livre! Perdi porque não tinha passaporte!

Travestis fazem primeiro show no Teatro Karl Marx!

Queria muito andar à noite pelo Malecón. Só pelo nome: Malecón!

Avenida à beira-mar imortalizada pelas músicas de Celia Cruz! Inimiga de Fidel!

Caetano gravou "Soy loco por ti, América" com Celia Cruz. Quando ela soube que a música era em homenagem a Che Guevara brigou com Caetano!

Cuba à noite deve ser uma putaria!

Anos atrás, encontrei por acaso com umas bichas, umas tiazonas, num bar em Madri.

Elas me falaram: "Marruecos es una mina de diamantes!". Mas mudaram o roteiro de pegação para Cuba: "Por un jabón Phebo, arrumamos un bofe". Achei que era garganta delas!

Para nos consolar e compensar a viagem perdida, nossa agência FredTour arrumou um voo no dia seguinte para Maceió!

Em Alagoas o mar é verde!

Ficamos no hotel Kenoa! Deslumbrante! Charme e luxo!

De meia em meia hora aparecia um menino para limpar as lentes dos óculos. A massagista entrou no quarto. Diária: mil reais!

Choveu os cinco dias!

Deve ter sido praga de Fidel!

Aliás, à noite Fidel veio puxar o meu pé!

38. Portugal: Saudades!

Perguntaram a um humorista português por que ele não fazia piada de brasileiro. "E PRECISA?", ele respondeu!

Fui a Portugal três vezes! Nas três vezes encontrei um país diferente!

1983!

Na primeira vez que fui a Portugal todo mundo se vestia de preto. Os pais por conservadorismo e os filhos porque eram fãs de heavy metal!

Vesti uma camiseta vermelha. Todos me olhavam, toda Lisboa me olhava. Virei uma tocha!

1998!

Na segunda vez, o homem da migração pegou meu passaporte e ficou virando, revirando, lendo e relendo. Pensei: "Não é possível que vá ser barrado justo em Portugal".

Aí o português me entregou o passaporte: "Faz tempo que não vem. Não gostou?". Fiquei emocionado. Tamanha fofura!

2017!

Na terceira vez, me apaixonei por Lisboa!

Lisboa! Amo de paixão!

Aos setenta anos resolvi viajar sozinho pela primeira vez na minha vida. Escolhi Portugal pela facilidade da língua. E encontrei uma Lisboa totalmente mudada. Moderna! Fui surpreendido!

O aborto, o casamento gay e a maconha legalizados!

Bairro Alto tinha virado uma Vila Madalena, e o menino da concierge de cabelos cacheados e sangue mouro consertou o meu iPhone!

Para virar destino turístico número um, Portugal teve que se modernizar.

E mudar a cabeça dos portugueses. E mudaram!

Numa feirinha ao ar livre comprei uma camiseta e perguntei à vendedora "Posso tirar a camiseta?". "Pode, ESTAMOS EM LISBOA."

Escolhi meu restaurante favorito, o Infame, grafite na parede e a garçonete toda tatuada!

Gays andam de mãos dadas!

E o cartaz espalhado pelas ruas de Lisboa: "Cuidado! Venda de louro fazendo-o passar por droga". Eles alertam os consumidores!

Aqui no Brasil dá cadeia. E depois os portugueses é que são burros!

Eu vi o Cristiano Ronaldo!

Meu hotel ficava na Praça da Constituição! Acordo com o barulho de uma multidão. Vou pro terraço!

Uma fumaça vermelha cobria a praça. Benfica era campeão! Um palco montado com os jogadores do Benfica.

De repente, luzes, leds, lasers. Era Cristiano Ronaldo! O Boneco Ken!

A multidão entra em delírio! O Cristiano Ronaldo é um fenômeno: joga noventa minutos sem mexer um fio de cabelo. O uniforme sai como entrou: não amassa, não tem uma mancha!

Cristiano Ronaldo estava lá, na minha frente. Dando adeusinhos!

Cristiano Ronaldo faz o que quer! A praça ficou vermelha o dia inteiro! Para lembrar que Benfica foi campeão!

Meu primeiro contato com o raciocínio português foi exatamente na primeira vez que cheguei a Portugal.

Nos hospedamos num hotel na avenida Liberdade. Que estava em obras. Perguntei ao porteiro de cartola:

"Quando vai terminar essa obra?"

"Quando acabar."

O psiquiatra Tenório Lima estava comprando uma boneca quando exclamou: "Os olhos abrem!".

E o vendedor: "Não só os abrem como os fecham". Perfeito!

O professor Antonio Candido estava num ponto de ônibus e perguntou a um português:

"Para onde vai esse ônibus?"

"Esse ônibus não vai."

"Mas vem de onde?"

"Esse ônibus não vem."

"Como?"

"Esse ônibus não vai nem vem porque é circular."

Perfeito!

Confeitaria Versalhes! Histórica!

Com desenhos da Revolução Francesa nas paredes. Perguntei ao garçom por que a confeitaria se chamava Versalhes. E ele: "Não sei se é do seu conhecimento, mas Maria Antonieta foi guilhotinada..." E eu fazendo cara de espantado: "Não me diga isso! Quando?".

Adoro como eles dão informação!

Pedimos informação, e o português gentil: "Está vendo aquela rotatória? Não pegues". "Está vendo aquela avenida depois da rotatória? Não pegues! Na terceira avenida, é lá!". Adoro. Eles vão descartando. É por eliminação. Perfeito!

Nos arredores de Coimbra parei para comer uma das sete maravilhas gastronômicas de Portugal: leitoa assada. No famoso Pedro dos Leitões!

Restaurante enorme e lotado e voz alta, muita voz alta. A leitoa se comia com um espumante. Um combo: leitoa com espumante! O gerente me disse: "Collor comeu aqui!". Meu Deus! Péssima informação!

Por isso que ele ficou com olho esbugalhado. Foi a leitoa. Comi a leitoa, tomei o espumante e óbvio, claro, tive um piriri!

Tive um piriri, na mesma noite, em Guimarães, berço de Portugal!

Onde Dom Afonso Henriques ganhou a batalha e se autoproclamou rei de Portugal!

O piriri era violento. Estava hospedado num convento que virou pousada. Quando se fica doente a melhor coisa é um hotel americano. Cama enorme, carpete rosa e paramédico.

No convento, a cama era estreita e tinha uma cruz na parede. E eu não queria morrer no berço de Portugal!

Melhor bacalhau da minha vida comi em Aveiro. Na rua! Na brasa, o bacalhau e um filete de azeite!

Melhor que o do Fialho, em Évora, o preferido do Fernando Henrique Cardoso.

Nesse Fialho comemos e bebemos tanto que esquecemos o cartão de crédito em cima da mesa.

Já de ressaca em Arraiolos, ligamos para o Fialho. E o dono: "O cartão de crédito está aqui guardado". Na volta pegamos e passamos reto!

Em Arraiolos, ficamos hospedados num dos palácios da rainha Dona Isabel. Tinha virado pousada. Mas a água do chuveiro estava gelada. Liguei para a concierge. Subiu uma gayzona de cachecol.

"Quero tomar banho e a água está gelada."

"Não sei se o senhor sabe, mas a monarquia em Portugal foi abolida em 1910." Saquei que era monarquista! "O prédio é patrimônio histórico e tem um termômetro que avisa quando chega na temperatura máxima."

Tudo bem. Eu sei que a monarquia foi abolida em 1910, mas EU QUERO TOMAR BANHO!

No Museu da Marinha, Pedro Álvares Cabral não está num lugar de destaque entre os grandes navegadores. Eu sei que foi por acaso, que foi barbeiragem, mas descobriu o Brasil. Aliás, invadiu o Brasil!

Nas escolas mais modernas não se fala mais Descobrimento do Brasil, se diz Invasão do Brasil!

Portugal invadiu o Brasil. Em represália, os brasileiros invadiram Portugal!

A gerente do meu hotel disse: "Temos uma massagista ótima, apesar de brasileira".

Amei Lisboa de paixão!

Tinha uma viagem agendada para o Porto. Nem fui, cancelei. Queria ficar em Lisboa!

Não sei se o fato de eu estar viajando sozinho pela primeira vez cooperou com esse sentimento!

Lisboa amada!

A fadista fumou onze cigarros!

Comi pastel de Belém na Pastelaria Belém por sugestão de Fafá de Belém!

O bonde é amarelo!

Saudades!

39. A Itália é hétera!

A Itália inventou a cantada!

Em viagem gosto de duas coisas: loja e museu! Com o mesmo interesse!

A Prada é a história da Itália. Todos os gondoleiros usam sapatênis e coletes da Prada! *O diabo veste Prada!*

E o papa também!

As maldosas diziam que os famosos sapatos vermelhos do papa Bento XVI eram Prada. Na verdade, eram feitos pelo seu sapateiro particular. Papa tem *personal shoemaker!*

Milão!

Como descrever a emoção que senti ao me aproximar da primeira loja da Prada na galeria Vittorio Emanuelle II.

Histórica! Era um museu!

A primeira bolsa estava lá! A história do couro! Uma vez fui visitar uma amiga no Einstein e a mulher da catraca:

"O senhor tem cadastro no Einstein?"

"Não, minha filha, eu tenho cadastro na Prada."

Pegamos a final da Champions, Inter de Milão × Bayern. Vitória do Inter! De repente, uma multidão de fanáticos invade a praça do Duomo! Pulam, gritam, tocam corneta, tripudiam dos torcedores alemães.

FAROFA! Todo campeonato termina em farofa.

Eu já vi uma farofada de farofas no Brasil. Já vi farofa em Paris. Já vi farofa em Berlim. Vi farofa em Milão! Na cidade fina e aristocrata. Farofa na capital da moda!

Milão é a Costanza Pascolato!

Toda travesti brasileira vai pra Milão! Na porta do Gala Gay é sempre assim:

"De onde você vem?"

"De Milaaaano."

"Onde você mora?"

"Em Milaaano."

Toda travesti brasileira vai pra Milaaaano! Pra comer o cu das s!

A seleção de futebol masculino mais bonita das Copas é a seleção italiana. Tudo lasanha! Tudo galã!

Tudo cuspindo no chão, como todo jogador.

Só o Romário consegue cuspir no chão e coçar o ouvido ao mesmo tempo!

Toda vez que a Itália perde e o comentarista fala "Itália volta pra casa", uma prima diz: "Manda eles voltarem aqui pra casa!".

As italianas são talvez as mulheres mais lindas do mundo!

Monica Vitti, Sophia Loren, Claudia Cardinale. E Gina Lollobrigida em *Pão, amor e fantasia*!

Veneza!

Não há como não amá-la!

Veneza é o Oriente da Itália. As mil e uma noites da Itália.

Água embeleza qualquer cidade. Pode ser mar, rio ou canal.

Não tirei selfie com os pombos na praça de São Marcos porque tenho avefobia. Medo de pássaro, passarinho e galinha.

Meu maior medo quando criança era entrar no mato e encontrar com uma seriema. Se eu fosse presidente mandaria as emas pro Itamaraty! Não tirei selfie com os pombos.

E não andei de gôndola!

Uma prima foi andar de gôndola, o gondoleiro cantou "O Sole Mio" e ela dormiu. Não viu nada!

Amei a cidade. Veneza é única.

Sempre se acha que uma cidade parece um pouco com outra cidade. Veneza não se parece com nada e com ninguém!

Quando você volta de Veneza todos perguntam animadíssimos: "Você se perdeu nas vielas?". "Sim!"

Não me perdi, mas disse que sim! É mais prático dizer sim.

Quando voltei do Marrocos, os amigos perguntaram:

"Foi pra Fez?"

"Sim!"

"Mas naquele ônibus com um megafone na capota?"

"Sim!"

Se perder nas vielas de Veneza é um *must*! Só que eu em dez minutos decorei a cidade inteira!

Marco Polo saiu de Veneza e voltou com o macarrão da China!

De repente, na Itália ninguém votou no Berlusconi, que foi primeiro-ministro quatro vezes! Ele foi eleito por milagre! Ele participou de tantas orgias e comeu tantas mulheres que o apelidei de BerlusCome!

Eu tenho um problema: não gosto de arte italiana.

Ou seja, detesto Florença!

Com todas aquelas estátuas. Muito acadêmica. Florença é muito USP!

O menino pergunta: "Pai, por que esse Davi tem o pinto pequeno?". Porque Michelangelo quis assim!

Impliquei tanto com Florença que impliquei até com a garrafa de azeite que o gerente do hotel nos deu por cortesia. E o que eu vou fazer com uma garrafa de azeite pelo resto da viagem? Ou levo na mão ou boto na mala e explode!

Estava agendada uma viagem pela Toscana, como nos filmes. Em Toscana estava chovendo. Graças a Deus! Cancelada!

Acho que vou arrumar um monte de inimigos dizendo isso. A Toscana é unanimidade!

Por isso gosto de Nápoles, a bagaça!

Maradona foi o Rei de Nápoles! E amigo dos mafiosos! Futebol e máfia sempre de mãos dadas!

Roma!

Só namoram! Um inferno! Se beijam em cima da vespa, se beijam no poste, se beijam na mureta! Você fica oprimido! Sem fôlego!

Amo o Coliseu!

Você se sente uma formiguinha. Foi feito pra ser assim! Pros leões entrarem na arena e comerem os cristãos!

Os gladiadores lutam com animais exóticos vindos de longe. *Spartacus*. Russell Crowe!

O César faz sinal de positivo ou negativo. O César decide quem mata ou quem morre! O Império Romano!

Na praça do Vaticano, uma senhora baiana ao meu lado gritou levantando os braços para o alto: "Obrigado Deus por ter me dado essa dádiva de pisar no mesmo local que Cristo pisou".

Cristo nunca pisou em Roma. Cristo foi romanizado. Mas nunca pisou em Roma!

Vaticano!

O Vaticano é o maior centro de bichas enrustidas do mundo!

A mais famosa era um bispo americano de apelido A Bicha Má do Meio-Oeste. Ninguém tem esse apelido de graça. A Bispa Má gostava de modelão!

Bispo Ostentação! Tinha um closet só de fantasias grandiosas. Poderosas!

Virou inimigo do papa Francisco quando este eliminou o manto vermelho dos bispos! Furiosa, foi embora do Vaticano! Abriu uma escola para padres conservadores. Com o patrocínio do Steve Bannon, ex-assessor de Trump.

Os bispos são enrustidos porque comandam a maior rede de prostituição do Vaticano! Tem que ser na surdina, no armário!

Jogar moeda na Fontana di Trevi. Escolhi de madrugada. Para evitar a multidão! Lembro de Anita Ekberg, a sueca escultural, tomando banho na cascata da fonte. No filme *La dolce vita!*

Itália! *La dolce vita!*

Drama! A mãe italiana se atira no chão!

A alegria da mãe italiana é você repetir o macarrão. Na casa da minha amiga Paula Matolli, pedi para repetir o macarrão. E a mãe se levantou gritando ôôôô e jogou o macarrão fumegante no meu prato. Feliz da vida!

A mãe italiana é a Itália, calorosa, seios fartos!

Nas ruas, se ouve muito os gritos de "*Dove es la machina?*". Cadê o possante? Ferrari, Maserati, Lamborghini.

Itália! Os italianos gritam!

Os italianos gostam de três coisas: ópera, mulher e carrão.

Os italianos são bons em três coisas: ópera, carrão e cinema! O neorrealismo.

Ladrões de bicicletas. Giulietta Masina em *Noites de Cabíria*. Tem no Telecine! Ingrid Bergman em *Stromboli*. Assisti no Cine-Sesc. *Rocco e seus irmãos*: assisti na casa de minha amiga Maria Helena Guimarães numa sessão especial para Caetano Veloso. Era seu filme preferido!

Coppola foi a Calábria! Para seus três Poderosos Chefões. Diz que Marlon Brando enchia a boca de pedregulhos para falar daquele jeito de Don Corleone!

Vi uma exposição da fotojornalista Letizia Battaglia. Sobre a máfia de Palermo!

Duas fotos me impressionaram. Uma velhinha ajoelhada de mãos juntas e pro alto, pedindo clemência. A outra: a mulher chegando no estacionamento para ver o corpo do marido estendido no chão.

O momento da dor. Ela fotografou o momento exato da dor!

Em São Paulo e no Rio Grande do Sul todo mundo é descendente de italianos.

Jogadores de futebol passam férias nos iates na Córsega! Cercados de gostosas!

Cosa Nostra, Camorra e Suburra, Sangue em Roma!

As italianas são lindas, lindas demais!

Elas sabem rebolar!

E os italianos sabem assobiar!

40. China:
A multidão!

Na China é assim: menos de um milhão de pessoas, não tem ninguém.

Os chineses dizem que eles são uma potência mundial porque têm os dedos finos, digitam rápido.

Os ocidentais têm dedos grossos, somos lentos! O futuro pertence aos dedos finos!

Um dia apareceu um chinês em Mossoró, Rio Grande do Norte. Nunca tinham visto um chinês. Não sabiam o que fazer com ele. Então prenderam o chinês!

Pequim!

Nosso guia era um jovem dissidente!

Quando ele soube que eu era jornalista, ele disse: "Meu sonho é fazer *stand-up comedy*". Na China?

"*You're going to be arrested!*" Você vai ser preso!

No caminho para a Cidade Proibida, passamos pela sede do Partido Comunista e ele: "Essa é a verdadeira Cidade Proibida".

Subimos numa colina para ver a Cidade Proibida de cima. Não vimos nada. Tamanha a poluição!

Pequim é dez vezes mais poluída que São Paulo. Pequim tem

mais engarrafamento que todas as cidades brasileiras juntas! A fila para ver a múmia de Mao era imensa! Desisti!

Numa feirinha comprei um pôster de Mao. O guia dissidente não se conformou: "Não vai levar do Lênin e Stálin também?".

Como explicar que Mao virou pop? Que Andy Warhol pintou Mao Zedong. E o Mao virou pop!

Nossa estadia na China coincidiu com as férias escolares.

Os chineses do interior estavam em todos os lugares. Chineses que nunca viram um estrangeiro!

E o Gustavo virou a grande estrela da viagem. Chinês não tem pelos, e o Gustavo tinha barba!

Chinesinhas olhavam pra barba e davam risadinhas com as mãos na boca! E assim foi a viagem toda. Todos olhando pra barba do Gustavo!

Virou a grande atração da China!

A Muralha da China vista de longe parece uma montanha russa, dizia Andy Warhol!

Fomos a um restaurante em que estava exposta a limusine da mulher do Mao! A megera das megeras!

Fomos ao zoológico ver os pandas. Por cima da multidão de meninos em férias!

Quando voltei pra São Paulo contei a um amigo em frente à churrascaria Rodeio que tinha visto pandas. E ele gritou com os braços pro alto: "Pandas! Pandas! Adooooro paaaandas". Na maior pinta!

Shopping pirata. Um shopping só com produtos piratas! Os chineses fazem cópias perfeitas.

Perfeitas!

Quando as meninas viram Gustavo de sapato Prada, começaram a gritar: "Plada! Plada!".

Agarraram-no e ele foi sequestrado para o stand da Prada. Como as meninas deixaram o campo de batalha vazio, consegui escapar!

Em São Paulo tem os *stand centers*. Vendem coisas piratas e tecnologia.

Fui comprar um aparelho de som! As caixinhas pagam separado. Tudo bem. Cheque só do Bradesco. "Só do Bladesco!"

Não estou debochando, eles falam assim: Bladesco. Respondi: "Então vou até o caixa eletrônico pegar dinheiro". "Minha mãe vai junto", disse o chinês! Ah, não!

Os chineses são negociantes desde sempre. Hoje eles estão na África Oriental!

Saí de Pequim com uma tosse desgraçada, tamanha a poluição! Os arrozais!

Queríamos ver os arrozais. A cidade era Guillin!

Descemos no aeroporto de Guillin e demos de cara com um display do jogador Kaká. Em tamanho natural!

Fazendo propaganda de pastilhas para a garganta! Como ele sabia que eu estava com dor de garganta?

O Kaká salvou a minha vida. O laboratório era uma indústria local. Tinha foto do Kaká até no cartão de embarque!

Jogador brasileiro está em toda parte do planeta! Jamais iria imaginar encontrar Kaká na China!

Nossa guia era bisneta do Mao. Ela falava com orgulho!!

Partimos para as montanhas rumo aos arrozais. No caminho senti vontade de fazer xixi. E gritei: "Para nesse posto!". E a guia: "Aqui não". Respondi: "Aqui sim!".

Quando entrei no banheiro entendi por que ela não queria que eu viesse: os chineses estavam cagando de porta aberta!

Aliás, os mictórios não tinham porta. Mas tinham cinzeiros e som ambiente. No Brasil se caga no mato!

Finalmente chegamos na montanha!

Para os que não conseguiam subir a pé havia liteiras carregadas por dois chineses. Topo!

E subimos nas liteiras com os dois chineses fazendo o maior esforço para nos carregar.

Gustavo ficou muito constrangido de ser carregado por dois chineses. Como colonizadores ingleses.

Mas os chineses iriam ficar muito putos de perder trinta dólares! E subimos por caminhos tortuosos. Pensei: se o joelho de um deles falha, caio no abismo!

Chegamos no topo da montanha. Vista para os arrozais, a Ásia!

Nessa montanha moravam as mulheres Yao, em Longsheng!

Elas cortam o cabelo aos dezoito anos e nunca mais. Nunca mais!

Equilibravam esse monte de cabelo em forma de pirâmide em cima da cabeça. E elas davam um show para turistas!

Faziam malabarismos absurdos com dois metros de cabelo!

Piruetas! Cirque du Soleil.

Um menino sentado ao lado do Gustavo, em vez de olhar pras cabeludas, olhava pra barba do Gustavo!

O show era a barba do Gustavo!

Shanghai!

Shanghai é a Dubai da China!

Ficamos no Park Hyatt. O saguão era no 87º andar!

Nossa suíte no 83º andar!

Tempo de elevador: trinta segundos!

Não tinha arrumadeira, tinha aeromoça!

E dava para ver todos os telões de led na beira do rio. Eu já disse que água embeleza uma cidade. Pode ser lago, rio ou canal!

Fomos para a beira do rio observar os comerciais em telões de led.

E estavam arrumando a calçada.

Um túnel estava sendo construído sob o rio para ser inaugurado pelo primeiro-ministro. Amanhã de manhã! E se não ficar pronto?

Se não ficar pronto a engenheira vai presa. Ponto!

Sabe o que é multidão?

Hora de atravessar a rua!

Uma multidão do lado de lá, outra multidão do lado de cá!

Pareciam dois exércitos esperando para entrar numa batalha da Idade Média!

E o calçadão onde as pessoas vão observar os luminosos de néon das lojas? Outra multidão!

Às vezes subia no degrau de alguma loja para descansar da multidão.

E olha que estou acostumado ao Carnaval de Salvador!

Hong Kong!

Hong Kong é China mas não é China!

Hong Kong é chique!

Hong Kong tem uma baía.

Hong Kong é cenário de filmes de mistério dos anos 1950!

Hong Kong ainda tem os nomes das ruas do tempo dos ingleses: Queen Elisabeth, Prince Albert, Queen Victoria!

Na loja Shanghai Tang comprei uma almofada com duas carpas vermelhas. Hoje está em cima da minha cama! A mais bela de todas! A rainha!

Hong Kong tem uma escada rolante que sobe aos bairros mais altos!

Um amigo que morou lá me contou que também é ponto de pegação!

A escada rolante termina num bairro de antiquários. Queria fazer uma compra. Mas comprar alguma coisa que não viesse para o Brasil num contêiner.

Par de dragões de louça azul não queria.

Achei: um fumador de ópio. Um antiquário que só vendia fumadores de ópio. De madeira, prata e marfim! Paguei cem dólares. E o dono ainda me deu de brinde várias fotos de pessoas fumando ópio!

Tudo misterioso!

Fiz um quadro com todas as fotos de pessoas fumando ópio! Deitadas. Viajandonas!

Subimos ao Templo dos Dez Mil Budas!

Mil budinhas, todos idênticos. Como produtos numa gôndola de supermercado!

O problema desses templos é que estão sempre cheios de macacos. E tenho medo de macacos!

Não vou nem na Praia do Forte por causa dos saguis!

E esses eram marrons, grandões!

Visitamos o templo. Mas na saída o número de macacos havia dobrado!

Dei um tempo, criei coragem e num galope desci escada abaixo!

Tenho medo de qualquer bicho que não seja cão ou gato. Galinha então entro em pânico!

Da janela do hotel vimos um tufão chegando!

Uma nuvem negra imensa! Posso dizer: é assustador!

O tufão desviou, o céu clareou e os barcos continuaram cruzando a baía de Hong Kong. Alívio!

Não queria fazer parte de um filme catástrofe!

Fomos embora da China via Zurique!

Uma cidade tranquila. Pouca gente na rua!

Gritamos:

Cadê as pessoas?

Cadê todo mundo?

41. Ceará: Iracema, a virgem dos lábios de mel

Fui a primeira vez ao Ceará em 1992, com Bia Lessa, Malu Mader, Preta Gil e Otavinho Muller.

Para a estreia da ópera *Don Juan*, da Bia Lessa!

No Theatro José de Alencar!

Deslumbrante, art nouveau, todo de ferro!

Ficamos no camarote da família Rolla. Nós sentados e os Rolla em pé!

Dia de praia no Cumbuco!

Bia Lessa dirigindo a kombi. Digo: "Ainda bem que você não dirige peça como dirige kombi!".

Fomos direto para uma barraca.

Uma multidão cercou a barraca. Autógrafos. Pediram autógrafo até pra mim!

Tentei explicar que não era da Globo. Não se convenceram.

Para não correr perigo, dei o autógrafo!

Malu Mader queria passear de balsa. Mas lá no fundo do mar, o céu estava negro!

A cômica Rossiclea declarou que o bidê é o Beach Park do cu!

Fomos pra Aracati!

Na casa do dono da fábrica de cerâmicas. Todas as domésticas eram travestis!

A mais popular era a Pequitita!

Pequitita tem o maior pau de Aracati!

Estávamos na varanda do casarão quando entra um garoto lindo, um Alain Delon, e vai pro chuveiro! "Quem é?" "O namorado do bispo!"

Que subiu rápido pro segundo andar quando soube que havia jornalistas na casa. Aracati era um carnaval de máscaras. Eles podiam se esbaldar! O bispo e o Alain Delon!

No Ceará, todo mundo que passa dos quarenta anos fica a cara da Rachel de Queiroz. Inclusive os homens!

Foi no Ceará que conheci uma das minhas melhores e mais lúcidas amigas: Ângela Borges, a Formosa Bandida!

Publicitária!

Amava Miami!

Na parede da casa dela tinha dois relógios. Um com o horário do Brasil e o outro com o horário de Miami!

Família de políticos. Ela me dizia: "Simão, nós éramos os Kennedy de Mossoró!".

Ela era de Mossoró, Rio Grande do Norte.

Natal e Mossoró são cidades rivais.

Em Mossoró no Natal, em vez de Feliz Natal, as pessoas dizem Feliz Mossoró!

A colunista social de Mossoró queria dançar um bolero comigo!

Ângela importou um SUV americano, vermelho. Entrou em Mossoró buzinando e com todos os piscas ligados!

Quando os tucanos assumiram o poder, ela disse: "Saudades do Brasil".

No Ceará sempre fui feliz!

O céu azul e aquele vento que vem do deserto!

Ângela tinha uma casa na praia que ventava muito.

Dizia: "Olha que delícia, parece o México!".

Um amigo gay precisava de emprego. Qualquer emprego. Arrumamos emprego de copeiro na casa de uma madame.

A madame perguntou: "O que você sabe fazer de melhor?". "Dublar!"

Ângela perguntou a uma amiga minha: "Sua mãe te ensinou a dar chave de buceta?". Minha amiga se espantou e riu!

Nos anos 1940, Orson Welles esteve no Ceará para filmar a saga de quatro jangadeiros! Iam de jangada de Fortaleza ao Rio de Janeiro!

Terminou em tragédia.

Uma onda no litoral carioca derrubou a jangada de Jacaré, o líder!

O corpo sumiu nas águas da Baía de Guanabara!

Eu era amigo do Arialdo, dono do Beach Park! Ele era roqueiro!

Me convidava para ficar hospedado. Nunca andei de tobogã, nem de boia nem de nada! Só comia caranguejos!

Depois Arialdo virou chefe da Casa Civil dos Gomes!

Ângela era amiga dos Gomes. Quando eles assumiram, contrataram outra publicitária!

Lalá, relações-públicas do Beach Park, me presenteava com bandejas de torta de coco.

Hoje ele é colunista social!

Hoje eu só vejo o Beach Park na revista *Caras*!

Eu sempre brincava que no Ceará eu tive uma vida sexual agitada: comi quatro caranguejos!

No Ceará quase fui assaltado mas não fui!

A onda no Ceará é pizzaria com show de cômicos!

Chico Anysio, Renato Aragão e Tom Cavalcante nasceram no Ceará!

Cearenses vaiam o pôr do sol na praça do Ferreira!

Ângela Borges morreu! Nunca mais fui ao Ceará!

Ela era o Ceará!

Ou como eu chamava carinhosamente: Cearazinho!

Cadê aquele povo todo?

Cadê a multidão?

42. A viagem, o voo e o avião

Aeroporto agora é tudo igual. Só muda de tamanho! O design é sempre igual!

O melhor aeroporto do mundo é o de Teresina. Você desce a escada, atravessa a pista e... tá na rua. Duração: três minutos!

O ônibus que leva até o avião demora mais que a viagem de avião!

Não tenho medo de avião, tenho medo do preço das passagens!

Tenho um amigo milionário cujo passatempo é procurar voos mais baratos!

Multidão no check-in! Parece aquele filme *O êxodo*! Para fazer o check-in é preciso fazer um check-up antes!

Por que esse povo leva tanta mala? Meu sonho era ser o Ronaldo Fenômeno. Que não leva mala, compra tudo lá!

A mulher pergunta: "Qual poltrona o senhor prefere?". A POLTRONA DA MINHA CASA!

Pierre Verger já dizia que andar de avião é pior que as galeras dos navios antigos: não vê paisagem, não estica as pernas e tem que comer com os cotovelos!

Inventaram a barra de cereal pra gente comer na vertical!

Eu já desafiei um fedelho da Polícia Federal em Guarulhos! Estava na fila preferencial com Gustavo. Ele chegou: "Seu acompanhante vai ter que ir pro fim da fila".

"Ah, não vai mesmo."

"Vai."

"Não vai."

"Vai."

"Nããão vai! Se eu passar mal sem o acompanhante você que é o culpado."

"Então o senhor espera sentado naquele sofá."

O sofá era depois da migração!

Por sorte, por coincidência, passa uma das diretoras: "Simão e acompanhante podem passar". O olhar de rancor do policial, dos pequenos poderes!

"Aqui quem vos fala é o seu piloto comandante Pardal."

Estava indo para Salvador quando o piloto gritou: "Segura aí atrás que o avião vai balançar!".

Turbulência em Portugal se chama zona de abano. Segura aí atrás que o avião vai abanar!

Depois dos cinquenta anos eu só viajo na executiva. Me encontro com a socialite Linda Conde: "Me contaram que lá embaixo tá faltando comida". Lá embaixo é a classe econômica. Ela chamava classe econômica de lá embaixo. O navio negreiro!

Um amigo estava indo para Belém com escala em Fortaleza, Teresina e São Luís. A funcionária pergunta: "Qual seu destino?".

"Meu destino é sofrer."

Santos Dumont opera por instrumentos! Cuíca, pandeiro e reco-reco!

Eu só desestresso, só sei que estou deixando problemas e trabalhos para trás, quando o avião decola, e aquela zoadinha que me leva à meditação.

Cortando as nuvens como gelo!

Selfie de nuvens rosa na janela!

A paz de um céu de brigadeiros!

O omelete de café da manhã pousando em Paris. No voo Los Angeles-Nova York as aeromoças atiram tacos nas bandejinhas! Como se estivessem alimentando cabras!

Na Tailândia, o voo durou uma hora e um minuto. Pontualmente!

Guarulhos!

"Desculpe o atraso, estamos aguardando liberação do finger." Deixa com o flanelinha! Eu quero sair dessa lata de sardinha!

Preciso aprender a ser o último a sair do avião!

MIGRAÇÃO!

Eu vou ser preso!

Eu sempre acho que vou ser preso!

Que todo aquele aparato de segurança é pra me prender!

A multidão em direção à migração! Parece a descida da Arca de Noé!

Em Miami, o agente da migração cheirou o passaporte do Antonio Salomão e o chamou para uma sala ao lado. Virando no corredor à esquerda. Tento segui-lo, mas sou barrado por uma brutamontes: "*Keep going!*". Circulando!

Agora o que eu faço? Espero na sala das esteiras ou ligo para a embaixada? Cena de cinema: sentado numa cadeira entre duas malas! Voltou! Alívio! Não foi dessa vez!

Em Londres, a agente perguntou como era o nome da minha tia que tinha uma agência de publicidade em Lins, no interior de São Paulo!

Minha ponte aérea sempre foi São Paulo-Salvador! Nunca foi São Paulo-Rio! Quando eu viajava entre São Paulo e Rio minha ponte aérea era o ônibus Cometa. Não tinha dinheiro!

Jackson do Pandeiro cantava; "Avião, papai/ Avião, papai/ É bonito quando voa/ Mas é feio quando cai". Mayday! Desastres Aéreos! No Natgeo!

Desastre aéreo horroriza e fascina. É o ímã dos telejornais!

Não tenho medo de viajar de avião.

Tenho medo de viajar de carro!

Passar horas brecando com as pernas até os joelhos doerem. Não sei dirigir. Eu sou aquele carona que grita "Cuidado!".

Tenho medo de ficar engarrafado na Marginal.

Tenho medo da minha mala ser desviada.

Chegamos!

A Marginal continua linda!

43. Copa de 94: Ganhamos, apesar do Parreira!

Copa 94!

Estados Unidos!

Pátria das Chuteiras na Pátria das Ketchupeiras!

Na época estava com duas úlceras que logo apelidei de Bebeto e Romário!

Primeira parada, San Francisco!

Nós, os colunistas de entretenimento (eu, Joyce Pascowitch e o fotógrafo americano David Drew Zingg) da *Folha*, ficamos no hotel mais antigo e sofisticado de San Francisco.

David Zingg pediu um cafezinho no lobby e agradeceu: "Obrigado pelo café mais caro do planeta".

Já os repórteres ficaram em Los Gatos!

San Francisco parece uma loja de departamentos: os gays moram em Castro, as lésbicas em Missiones, os hippies em Height Asbury, e as loiras que gostam de laranja moram em um bairro só pra elas.

Loiras que não gostam de laranja moram em outro bairro!

Uma noite eu e um amigo fomos ao bairro gay, Castro!

Fui pedir informação a um policial. Não era um policial. Era um gay fantasiado para uma festa sadomasô.

Entramos no Cine Castro para assistir a *Spartacus*!

E quando na tela anunciaram "Spartacus amava Leôncio como um irmão", a plateia gargalhou e vaiou!

A seleção ficava em Palo Alto. Como era permitido sexo na concentração chamei de Palo Duro. E quando perdia, Palo Mole!

Técnico: Parreira! O rei da retranca. Rei Tranca!

Parreira é aquele técnico que, quando o time faz um gol, entra em profunda depressão.

O Parreira não precisa tomar Viagra porque já é cabeça dura!

Nelson Rodrigues dizia que todo técnico é burro. O cara pode ser um gênio, virou técnico ficou burro. O Parreira era burro mesmo!

O Brasil só marcava gol quando o David Zingg ia comprar cerveja!

Na estreia da seleção o jogo estava tão chato que ele perguntou com seu sotaque: "Não estar parecendo pelada no campinho de Chico Buarque?".

Organizador da nossa cobertura: Matinas Suzuki Jr. Assistiu a todos os jogos. Esteve em todas as cidades. Usou a malha aérea americana inteira. Onipresente.

E nos disse: "Vocês são jornalistas, não torcedores". Ou seja, nada de ficar fazendo olé! Nem gritando "Vai Romário", "Técnico filho da puta".

Tem que ficar tomando nota! Jornalista!

Romário vestia a camisa onze porque valeu por onze. E tinha direito a sentar na janelinha do avião!

Depois virou senador do Podemos. Que com aquela língua plesa virou Fodemos!

Bebeto já tem cara de bobão e insistia em comemorar gol com aquela mímica de "nana neném". Tinha acabado de ter um filho! Me irritava profundamente. Ainda bem que só fez três gols!

Minha melhor companhia: Joyce Pascowitch!

Joyce lixava as unhas durante a partida! E no lobby do hotel, gritou: "Que lindinho aquele jogador sueco". Era o Dunga!

Fomos para Detroit num voo charter. Duzentos canarinhos! Lotado de palmeirenses!

Entramos e um palmeirense gritou: "Vocês que são da *Folha* dá uma força pro Mazinho". E a Joyce: "Quem é Mazinho?".

E os torcedores: "Ela não sabe quem é Mazinho? Fora nela! Nesse avião ela não viaja!".

Segunda parada! Detroit! Um bate e volta!

A primeira pergunta que me fizeram em Detroit: "*Where are you from?*"

"Brasil."

"E onde fica?"

"Abaixo da linha da pobreza."

Terceira parada! Los Angeles!

Interesse dos americanos pela Copa: zero! Americano gosta de basquete. Bola na rede. Não aguenta esperar 47 minutos pra ver uma única bola na rede.

E a filosofia do Parreira: quem quer ver bola na rede que vá assistir basquete!

Assisti Argentina e Bulgária pela TV cucaracha, canal 14, o SBT daqui!

Eles não fazem transmissão, fazem dramalhão!

Qualquer pelada vira um épico. O frangueiro pega o frango e eles estrebucham: "*Aaaay, lo pegô! Lo pegó más duro la pelota!*".

Nos Estados Unidos é assim: todos os lugares já foram cenas de filme.

Todos os lugares aquela sensação de "já estive aqui"!

Entrei numa lanchonete estreita e comprida e com banquetas de couro vermelho. Parecia uma cena de filme de Tarantino. Eu já estive aqui.

Se você se hospedar no Beverly Wilshire! *Uma linda mulher!* Eu já estive aqui. Cadê a Julia Roberts?

Se for visitar a Estátua da Liberdade, eu já estive aqui! Metade dos filmes mostram a Estátua da Liberdade. De *O poderoso chefão* até cinco mil filmes em que a Estátua desmorona. Até hoje é assim!

Finalmente Matinas pega um dia de folga e seguindo as determinações do David Zingg aluga um conversível VERMELHO! David Zingg: "Na Califórnia tem de ser conversível vermelho!".

Fomos ao Musso & Frank Grill. Ao lado do Chinese Theater, ponto de encontro dos *stars* de Hollywood desde os anos 1920!

Musso & Frank Grill, onde foi rodado *Método Kominsky*. Com Michael Douglas e Alan Arkin! Que está no catálogo da Netflix. Tudo é filme!

Quando caía um raio no estádio, um argentino levantava a cabeça e fazia carão, pensando que era flash! Argentino dormia em beliche: o ego em cima e ele embaixo!

Eu tinha um colega que passou a Copa comendo "me too". Como ele não sabia inglês, tudo o que os outros pediam, ele dizia: "Me too".

Los Angeles só tem viaduto e perseguição policial! E sósia de ator de Hollywood!

Você senta num café no Santa Monica Boulevard e passa o clone do Brad Pitt, mais um Brad Pitt de camisa xadrez!

Scarlett Johansson diz que a única forma de envelhecer com dignidade em Los Angeles é se mudando pra Nova York!

E aquela rua Rodeo Drive é uma Oscar Freire que ganhou o Oscar!

E o locutor da rádio argentina Córdoba: "Para que cante Pavarotti! Para que sussurre Domenico Modugno! Para que sorria Sophia Loren, Itália na final".

Oba! A melhor notícia de todas as Copas: Itália na final. Baggio erra o pênalti e perde a Copa!

Ganhamos!

Apesar do Parreira!

Brasil. Pra Cima! E Palo Alto!

E depois de escrever 32 colunas sobre futebol vou acabar chamando bola de esfera!

Voltei!

E a Marginal continuava linda!

44. Copa de 98:
A amarelada!

Copa 98!

FOMO, PERDEMO E VORTEMO!

Copa 98! França! Paris. Tour Eiffel! Louvre! Moulin Rouge! Brigitte Bardot! *Paris c'est une blonde*. Mas hoje todas têm a cara da Amélie!

Paris! Isso não é trabalho. É prêmio!

Todo mundo quer ir pra Paris! Nem que seja para ver a Torre Eiffel de longe!

Colunistas: eu, Jânio de Freitas e Carlos Heitor Cony!

Não entendia bem a cidade!

Jânio de Freitas me apresentou Paris. Saímos na porta do hotel e ele: "Olha, tá vendo essas sarjetas?". E batia com o pé! Mostrando a importância histórica até das sarjetas!

Passei a correr todas as manhãs no Bois de Boulogne! Comprar isqueiro no quiosque da esquina só pra ver a madame com cara de dona de puteiro! Paris sempre teve fama de puteiro!

Passei em frente a Sorbonne e me lembrei do Fernando Henrique. Um francês exilado no Brasil!

Em Paris é assim: "Aqui morou Voltaire". "Aqui jantou Montesquieu." "Aqui morreu De Gaulle." Sempre outras pessoas chegaram antes. Milhares de anos! Paris resistiu até aos vikings! Como eu tinha mais de cinquenta anos, a *Folha* me mandou pela classe executiva. Os outros foram na classe dos executados! Ou como diz a socialite Linda Conde: lá embaixo!

A ordem em Paris era: suspender o mau humor. Durante a Copa!

O garçom do café em frente ao hotel era um fofo, muito *bonjour monsieur, bonjour madam!* Acabou a Copa, ele limpou a mesa em cinco minutos, passou a toalha! Vão fazer a Copa em outro lugar!

Interesse dos franceses pela Copa: zero! Era como se não estivesse acontecendo!

Mas aí quando ganharam a Copa viraram uns farofeiros!

Sapateavam nas capotas dos carros. Tivemos que tirar o cartaz "Folha Brasil" do nosso carro. Eles pisavam na capota e a gente ficava chacoalhando lá dentro. Se esgoelavam!

Fogos na Champs-Élysées lotada de camisetas *bleu, blanc e rouge!* E a gente com cara de bunda! Com a cara do Ronaldo!

Fomos pra Marselha!

Oba! Filme de ação! Minissérie! Polícia francesa na captura de terríveis traficantes marroquinos!

A dificuldade de hospedagem era tanta que a *Folha* só conseguiu um lugar para ficarmos: um hospital!

Não era exatamente no hospital. Era um puxadinho do hospital onde ficavam os acompanhantes e as visitas dos internados. Eu vi uma mancha de sangue na parede!

Entrávamos pelo necrotério e o Jânio dizia pro Cony: "Aproveita e deita!". O Cony era a vítima!

Eu e Jânio fomos ao porto. Ficamos horas vendo os barcos. É assim que se firma uma grande amizade!

Fomos para Nantes!

O Cony se entusiasmou, cidade histórica e medieval.

Cony ficava na janelinha do trem observando as vaquinhas: "Aquela ali vai dar gruyére, aquela ali vai dar camembert e aquela outra, cottage". Pela cara das vacas ele sabia o queijo que ia dar!

Toca o telefone no quarto, era o Cony: "Simão, e se der empate?". "Cony, na Copa não tem empate!"

Ele vivia num mundo diferente do nosso. Bem longe da bola! Toda noite descia pro lobby do hotel de terno, gravata e perfumado!

A final!

Brasil × França! Paris!

Os jogadores entram em campo pro esquenta.

Cristina Frias sentada atrás de mim falou: "Simão, eu não estou vendo o Ronaldo". Logo depois pelo microfone anunciaram: "Devido a um mal súbito, o jogador Ronaldo não entrará em campo".

Espanto geral. Silêncio!

O silêncio de quem ainda não entendeu!

Desorientados, os jogadores entraram em campo fazendo uma dança assassina! A amarelada. Brasil perde com humilhação! No dia seguinte fui à loja Colette e a atendente perguntava: "Mas o que foi que aconteceu?".

Depois do susto e da humilhação, começaram as piadas: Ronaldo em 2002 vai jogar com o patrocínio das pilhas Rayovac, as amarelinhas!

Copa é assim: na ida vai tudo picado, aos poucos. Na volta, todos querem voltar no mesmo dia!

Esperei vinte dias para sair de Paris.

Depois de vinte dias, sinto falta do Brasil.

Uma americana me disse que as cidades no Brasil cheiram!

Pois é exatamente disso que sentia falta: dos cheiros do Brasil!

Como dizia a cantora Emilinha, da Rádio Nacional: "*Paris je t'aime*! Mas não saio do Leme!".

45. Copa no Brasil:
A Copa do não vai ter Copa!

Vai ter Copa! Vai ter pipoca! Vai ter piroca!

Estádios superfaturados! Óbvio!

As empreiteiras superfaturam desde 1500!

As televisões começam a mostrar os preços dos estádios. Bonner com cara de indignado! Arenas pelo olho da cara! Manifestações.

Revoltados saem em passeatas rumo aos estádios. Com o cartaz "Não vai ter Copa". A Copa do Brasil não vai ter Copa!

Um cara pichou nos muros: "A Copa é os meus ovos".

Uma travesti grita: "Vou chupar os gringo tudo".

Uma amiga reclama: "Chega de Copa, de manifestação, me levem pra jantar fora!".

Abertura da Copa!

Dilma vaiada! Uma mulher do camarote de banqueiros puxou o coro de "vai tomar no cu!".

Não se manda uma senhora tomar no cu! A não ser em sex shop: esse objeto é pra senhora tomar no cu. Aí sim!

Não se manda uma senhora tomar no cu! Nunca! Nem que essa senhora seja a Dilma!

Que eu apelidei de Chefa Toura Sentada. Sabe aquele apache sentado na porta da tenda fumando cachimbo de cara fechada? É a Dilma!

Van Gogh cortou a orelha para não ouvir os gritos do Galvão.

Um cara foi ao psicanalista: "Conta-me tudo desde o começo". "No começo eu criei o céu e a terra..." Era o Galvão!

Estava com João Wainer no calçadão do Rio quando um menino tenta me vender um relógio. Digo: "Esse relógio é roubado". E o menino: "Mas era de gringo". Roubar gringo não é roubar. É tomar de volta!

Copa é bom pra torcer contra a Argentina.

Argentina × Irã! Sou iraniano desde menino.

Argentina × Suíça! Sou suíço.

Argentina × Bélgica. Hoje sou belga.

Acabei preso por falsidade ideológica!

Hino nacional! Um amigo disse que os jogadores deviam ouvir o hino nacional com a mão no pinto!

O Brasil se anima. O Brasil não resiste. Bairros inteiros picharam no asfalto da rua: "O 'Équiça' é nosso!".

O Brasil não resiste! A bola rola!

Saiu o álbum da Copa! Colei os argentinos de cabeça pra baixo!

O Neymar tinha tanto gel que a figurinha não colava, escorregava pelo álbum e caía no chão.

Álbum vicia. É como droga: quando acaba, você sai pra comprar mais.

Eu fazia competição com o Élcio, meu motorista na época. Como eu era rico comprava um monte de pacotinhos. Completei antes que ele. Capitalismo é assim!

Cinco da manhã! Quem foi o corno que inventou a corneta?!

Neymar faz seis gols absurdos, mágicos!

E os ônibus das seleções? Sabe aqueles ônibus que a gente via só pela televisão? Agora podia ver ao vivo! Estavam na nossa terra! O Brasil ganha! O Brasil ganha! O Brasil ganha! Pênaltis! Saí correndo e bati a cabeça na quina da porta. Resultado: cinco pontos na testa!

E aí a Alemanha entra em campo!

Aí nós não devíamos ter entrado em campo!

Os brasileiros fizeram o que sempre fazem para compensar a humilhação: piada.

O 7 a 1 virou piada. Toda vez que uma pessoa se fode é: levou um 7 a 1!

Ver a final rodando na televisão sem o Brasil jogar dá um vácuo no peito!

E depois de tudo, a seleção do Tite dá gastrite, hepatite e celulite!

Vou chupar os gringo tudo!

46. Peladeiros do Brasil: Na várzea não tem VAR!

Em frente à minha casa tem um campinho de terra do Sesc!

Sexta à noite!

Eu sei que vai ter pelada quando as luzes se acendem e os palavrões se sucedem. "Formiga, filho da puta do caralho!"

Assisto pela janela! Uma amiga minha traz um binóculo pra gente ficar vendo o cafuçu mais gostoso!

Quando estou sozinho sentado na sala, o barulho da pelada me faz companhia!

Futebol é um dos poucos esportes que não precisa ter um físico especial. Pode ser alto, baixo, magro, narigudo!

O Garrincha tinha as pernas tortas. O Romário tem um metro e meio. O Neymar era um fiapo! E o Pelé era gostoso e sorridente. O Pelé comia suecas!

Futebol se joga em qualquer lugar. Campo de terra marrom, amarela ou vermelha!

Futebol se joga até em ladeira. Em pirambeira! Até em cimento!

Se joga futebol até na frente das Pirâmides do Egito. Eu assisti a uma pelada em Florença! Estava andando pela cidade com tédio quando olhei pra baixo, pra beira do rio Arno e... uma pelada!

Várzea é livre. Livre de CBF e Conmebol e cartolas. Várzea é pura diversão. Um zoando com o outro. E como se zoa com o outro? Dando apelido!

A várzea!

Público de vizinhos animados!

A mulher chama pro almoço!

O Neco coça as bolas!

Para vocês, a minha seleção dos times de várzea com os nomes de jogadores top!

Guanhães de Minas: Nem, Cu de Frango, Zóio, Bafo e Três Peidim. No banco PAÇOCA e COMI O PAÇOCA!

Ataque do time *Vianas*, São Bernardo: Salsicha, Arrombado e Gogoboy.

Craque do *Gameleira*: Bosta de Urso! Bosta de Urso devia ser goleiro. Não passava nada!

Pescadores do Açude, de Quixeramobim: Tieta e Tietinha, Papacu, Brejeira, Vuco e Vuco e Carne Morta! Imagine a agilidade em campo do Carne Morta!

Quarteto de peladeiros de Itororó, Bahia: Xão Puerão, Geladeira de Pobre, Neco Louco e Danilo Psicopata. Geladeira de Pobre porque a cachumba desceu e ele ficou como geladeira de pobre: só ovos!

Seleção da Vila Mimosa: Maria Banda Larga, Amélia Raspadinha, Vanda Teleférico, Claudinha UPP, Camila Disque Denúncia, Vilma Panela Cheia e Elza Bom Prato!

Xique Xique: Benega, Pau e Patola. Tampa Suja, Rela o Bico e Pau Fedendo, Rouba no Ar e Caga no Vento! Com essa zaga jamais teríamos levado o 7 a 1 dos alemães!

Peladeiros de Perebas, BH: Fez nas Calça e Torresmo Cabeludo! Queria muito ver a cara do Torresmo Cabeludo!

E o grande atacante do time de Jericoacoara: Francês Que Trocou de Menina!

Pelada não tem técnico.

O menino ganhava bola, e a menina, boneca.

Só que menina também gosta de bola. Bola não devia ter gênero. Bola devia se chamar bole. Como os mais modernos chamam meninos e meninas de menines. E amigos de amigues. Bola agora é bole!

O juiz apita! Cabô!

O jogador volta pra casa mancando!

Isso é Brasil!

Eu tenho nostalgia de futebol!

47. A voz:
BandNews FM

A entonação!

Tinha um ator russo que falava a palavra "não" de 45 maneiras diferentes!

Só consigo cinco!

"Não é o que eu falo, mas como falo!" Mae West, cômica americana dos anos 1940.

Rádio: não é o que eu falo, mas como falo!

2005: estavam inaugurando a BandNews FM.

Toca o telefone!

Era a BandNews FM me convidando para ter um programa na rádio. Dez minutos. Diário.

Entrei em pânico. Não queria, tinha medo!

E usei aquele velho truque, chutar um valor bem alto pra desistirem. Chutei um valor alto. E aceitaram! Entrei no ar!

Tomo banho para entrar no ar! Entro no horário nobre, 8h50. Quando metade do Brasil está no carro indo trabalhar. No engarrafamento, com o rádio ligado! Horário nobre do rádio!

O Ricardo Boechat dizia que eu entrava no ar de robe de chambre e pantufas, tipo teatro antigo, tipo Primo Rico do "Balança mas não cai", a glória do nosso humor no rádio!

Nada! Entro de moletom velho. Só não pode usar moletom com crocks verde!

Não lembro como entrei no ar. A memória me escapa! Era com Carlos Nascimento! Sério! Jornalista sério! A maioria dos jornalistas tem receio do humor!

Depois veio a mágica!

Ricardo Boechat!

Quando um paulista esculhambado encontra um carioca da gema! Costumo dizer que era a química perfeita. Agora estou achando que foi mágica mesmo! A mágica! Falo mais sobre a nossa dupla logo mais.

A *Folha* me trouxe prestígio. A rádio me trouxe popularidade. Sou reconhecido pela voz! Falo alto!

Comentei alguma coisa com um amigo na escada rolante do shopping e um monte de gente me cercou! No restaurante, um cara vem até a mesa: "Desculpe, te reconheci pela voz".

A ideia do programa é espalhar as notícias, mas com alto-astral! Quero que os ouvintes reflitam e se divirtam! Alto-astral!

Uma vez me chamaram pra fazer um programa na TV Record e falaram: "O bispo te ama, mas vai ter que gravar antes porque ele tem medo que você tire a emissora do ar".

Ou seja, ama mas não confia!

Nunca fui censurado! Não sou porra-louca!

Um dia o Boechat mandou o Malafaia chupar uma rola! E deu um angu danado! Eu estava em férias!

Quando voltei, trezenas de e-mails de ouvintes: "Você vai falar do Malafaia?", "Você vai falar do Malafaia?", "Você vai falar do Malafaia, né?". Era uma intimação!

E pela primeira e única vez a Band me ligou: "Você vai falar do Malafaia?".

"Vou!"

"Gostaria de saber o quê."

"Não sei!"

Só pra criar um suspense!

"Mas nós gostaríamos de saber o quê."

"Liguem pra Dora Kramer perguntando o que ela vai falar da Dilma e depois me liguem."

Entrei no ar e apenas falei que o Malafaia tem uma mala feia! Só pode!

Rádio é bom porque pode imitar pessoas. Adoro imitar pessoas.

As preferidas dos ouvintes, os hits: Fernando Henrique e Marta Suplicy!

Fernando Henrique: "Ôooooo! Não é possíííível! Chandon! Rosé! Trufas! Paris". Marta: "Sapopeeeemba, Vila Nova CachoEIrinha". "Presidente LUULA". E bate com a língua no céu da boca!

Mandetta não fala, soletra: Ci-ên-ci-a! E o Pazuello tem rodinha na boca: SUIS!

Roteiro! Escrevo o roteiro numa prancha de madeira, aquela igual à do Joel Santana!

O programa tem que ter ritmo. Primeiro começo com um pensamento ou alguma notícia explosiva, aí vem as notícias, os memes e o final, o clímax. Palavrão é sempre bom. Palavrão de indignação!

E os breaking news! Com a sonora "Buemba! Buemba!". O breaking news me salvou de várias situações. Quando o Boechat falava demais, eu gritava: Breaking News! E aí vinha o silêncio.

Quando começa uma bagunça, eu grito: Breaking News! Quando grito "Breaking News" todos ficam em silêncio, em estado de alerta. Inclusive os ouvintes... É o suspense!

Quando o Boechat faltava era substituído pela Tatiana Vasconcellos. Minha amiga. Íamos muito ao cinema juntos. Tatiana chora em qualquer filme. Eu, pra sacanear: "Tá resfriada?".

Na peça sobre Martin Luther King com Lázaro Ramos e Taís Araújo, ela chorou da primeira à última fala.

Um dia ela me contou que ficava muito nervosa quando fazia o programa comigo. Falei com intimidade: "Mas sou eu, Tatiana". Ela: "Por isso mesmo".

As crianças adoram o programa: cornetas e gargalhadas! Sempre toca uma corneta na abertura. E depois, gargalhadas. Um circo! Um circo anos 2000!

Com a morte do Boechat, chorei muito, mas tínhamos que tocar o barco! Como ele mesmo dizia: "Toca o barco!".

Primeiro veio o Barão! Hoje é correspondente em Nova York!

E agora, o Megale! E as meninas: Carla Bigatto e Sheila Magalhães!

Nos primeiros programas que fiz com Boechat, Megale ainda meninão fazia parte e levava coió do Boechat por ser atrevido. Até hoje continua atrevido! A evolução do Megale de menino atrevido para âncora de telejornal é surpreendente!

Tem dias que acordo com um sonho: ser ator de cinema mudo!

48. A dupla pipoca: Eu e Boechat

Quando o Boechat morreu, eu chorei por dez dias. De saudades da voz dele!

Aliás, as pessoas não morrem, ficam encantadas. Guimarães Rosa.

Eu acredito em MAKTUB: o destino está traçado.

Por que um helicóptero em pane tenta aterrissar numa estrada vazia e no mesmo segundo um caminhão sai do túnel e estrumbica o helicóptero? Um segundo!

Boechat me contou que, no dia da estreia do nosso programa, ele suava de nervoso. Mal sabia ele que do outro lado da linha eu também suava de nervoso. Assim foi a nossa estreia: uma sauna, os dois suando!

Repeteco: quando um paulista esculhambado se encontra com um carioca da gema que vai pra praia de sungão vermelho! A química foi instantânea! Eu gritava PI e ele POCA. A dupla pipoca!

Nós tínhamos um programa diário de esculhambação política na BandNews FM chamado "Buemba! Buemba!".

E, só de sacanagem, criamos um partido político chamado Partido da Genitália Nacional! O PGN! Um sucesso.

Genitália é uma palavra solene.

O slogan: "Chega de hipocrisia! Sexo de noite e sexo de dia".

Faço voz de político antigo, voz de palanque! "Prometo criar o Vale Vara: toda brasileira terá direito a um Ricardão quando o marido for pescar", "Prometo abolir o IPM do vibrador". E das pilhas também!

Começaram a aparecer faixas em Niterói e Leblon: "Indecisos e indecentes! Votem José Simão para presidente! PGN 69".

Boechat passa a me chamar de presidente. Pronto!

As pessoas abrem a janela do carro e gritam: "Presidente! Presidente!".

Estou na sala de espera do pronto atendimento do Sírio quando o médico aparece com um papel na mão e chama: "Presidente!". Epa! Sou eu mesmo.

Entro na farmácia: "Presidente". Entro no restaurante e o maître: "Presidente!". Amo ser presidente de mentirinha! Não queria ser presidente. Queria ser dono de supermercado!

Boechat começava o programa gritando "Presideeeente!". E eu: "Meu vice amado!".

Nós participávamos de todas as eleições! Era uma esculhambação!

Quando a gente entrava no ar se instaurava a anarquia!

Boechat aparece para gravar com orelhas de coelho! A anarquia!

A gente esculhambava todo mundo. Podia ser Aécio ou Lula ou o ignorante que humilhou o motoboy da entrega!

E ele mandou o Malafaia chupar uma rola!

Boechat era um indignado. E da indignação nasce o humor! Nosso humor era diferente, mas o conteúdo era o mesmo: jamais fazer humor com as minorias.

Apareceram dois personagens no programa. Sua mãe, dona Mercedes. E sua mulher, a doce Veruska!

Encontrei Veruska com as duas princesinhas que são as filhas no aeroporto de São Paulo. Todos indo para Salvador. E ela é doce mesmo. Linda, morena com aquela tez de pele do Espírito Santo!

Boechat dizia que eu era o analista político mais lúcido do Brasil! Isso me deixava muito lisonjeado! Mas eu achava que era ele! Eu sabia da importância profissional dele, mas não ligava muito. O que eu sentia mesmo era amor!

Ele não ligava pra horários! Não ligava para essas imposições da mídia.

Falava compulsivamente!

E eu, ansioso para entrar no ar, reclamava: "Fechem a boca do matraca".

Isso se chama intimidade!

A produção: "Você tem que terminar com o Simão às nove e entrar com o Milton Neves". Para brigarem!

Boechat não se conformava com os merchands do Milton Neves! "Se você quiser fazer merchand de vinho, compra um horário na rádio." Dizia na lata! Mas o Milton Neves sem merchand não é o Milton Neves!

Em treze anos de programa, encontrei com o Boechat ao vivo uma única vez. Em Paris!

Convidei para jantar no hotel. Ele chegou uma hora atrasado. Veruska falou de imediato: "Não fui eu. Estava pronta há uma hora". Desta vez não foi a mulher, aquele clichê! Ele tinha ido visitar a viúva do pintor Cícero Dias! E botou a culpa na viúva!

Boechat foi escalado para ser minha escada, como se diz no mundo do humor. Só que a escada criava em cima do que eu criava. Não era coadjuvante. Era um filme sem coadjuvantes! A gente se amava!

A alegria com que ele gritava: "Presideeente!". E a minha euforia fazendo o roteiro e separando: "Essa aqui o Boechat vai adorar!".

O programa tocava uma corneta para anunciar que a esculhambação e as gargalhadas iam começar. As crianças, os "buemba kids", adoravam.

Tenho gravações de crianças gritando: "Buemba! Buemba!". Um dia um ouvinte mandou uma sonora: "Uenga! Uenga! Esse programa é uma bosta".

Quando Boechat morreu, os minions começaram a me atacar da maneira mais baixa e vil: "Sem o Boechat você não é nada", "Você que devia ter morrido no lugar do Boechat". Isso me deixava muito ferido!

Nós éramos sinceros. Nós éramos felizes! E o público sente isso!

A dupla pipoca virou um blockbuster!

Mas nem tudo era alegria. A vida não é um piquenique, como dizia Nelson Rodrigues.

Boechat entrou em depressão. Ele me disse: "Simão, não posso lembrar de um microfone que começo a chorar".

Ele fez terapia, tomou os remédios e se curou. E fez um depoimento maravilhoso dizendo que depressão não era frescura. Como ele achava. E metade da humanidade acha!

Ele me dizia brincando que mentia pro psiquiatra! Não duvido!

Eu sentia síndrome de desempenho. O programa de hoje teria que ser melhor que o de ontem. Meu terapeuta disse: "Simão, o máximo que pode acontecer é o público comentar: o programa não estava bom hoje". Relaxei.

Mentira! Não relaxei não!

No velório de Boechat, ouvindo sua mãe, dona Mercedes, dando um pronunciamento comovente e indignado sobre as mazelas do Brasil, pensei: "Ele era ela".

ELE ERA ELA!

Quando voltei a gravar o "Buemba! Buemba!", disse para o Luis Megale e a Carla Bigatto: "Nossa dupla jamais será retomada, temos que trabalhar, então como o próprio Boechat dizia: 'Toca o barco!'".

Para singrar outros mares de loucura!

O programa virou blockbuster!

Saudade é foda!

49. Três p:
Prêmios, processos e palestras!

Prêmios!

Pânico de palco!

Meu primeiro prêmio foi o do APCA! Melhor programa de rádio!

O problema é que tenho pânico de palco. Pânico!

Subi, andei como um robô até a Lilia Cabral, peguei o troféu e sai como um robô!

Na saída, uma amiga comentou: "Mas nem para gritar buemba?". Nem para gritar buemba!

A voz sumiu! O pânico começa na barriga, sobe até a garganta, a garganta tranca e a voz desaparece. Só sobra o silêncio! Fui entrevistado pelo Amaury Jr.! O troféu está na sala!

Comunique-se!

O Oscar da imprensa! Fui ao primeiro Comunique-se!

Um salão com mesas redondas e toalhas brancas! Minha primeira indicação: colunista de humor!

Pânico de palco. PÂNICO!

Fiquei rezando baixinho: "Tomara que eu não ganhe, tomara que eu não ganhe". Ganhou Luis Fernando Verissimo. Que, claro, não foi. Mandou a filha!

Ganhei segundo lugar, você leva o troféu mas não precisa subir no palco para agradecer todo mundo!

Para alegrar a noite, houve um show de Chico Anysio, que só contou piada com cu e peido! Plateia constrangida! Vou até o banheiro e ligo para um amigo: "O Chico Anysio só está falando em cu e peido para uma plateia de jornalistas!".

Eliane Cantanhêde veio até a minha mesa: "E depois dizem que você que escreve coisas chulas".

João Roberto Marinho sobe ao palco: "Todos da Globo subam ao palco. Ao meu lado. Junto comigo". Um tropel se levantou!

Segunda indicação! Não fui!

O pânico de palco! *Stage fright!*

Às dez da noite minha amiga Lorena Calabria liga: "Você tem que vir, você vai ganhar". "Mas eu já estou na cama de pijama, pega pra mim, por favor." Lorena gentilmente pegou e teve a entrega solene numa lanchonete! O troféu está na biblioteca!

Terceira indicação! Não fui!

Ganhei de novo! Pedi para o meu colega Mauricio Stycer receber o troféu. Ele deixou no UOL. Como fui demitido da UOL por um fedelho, não fui buscar!

Na próxima vez vou fazer como o Marlon Brando. Que mandou uma indígena apache receber o Oscar pra ele.

Na próxima vez vou pedir para uma trans preta de cabelo dread pegar o troféu para mim. Essa me representa!

Processos!

Advogados!

Fui processado pelo Enéas. Meu nome é Enéas!

Por causa da bomba atômica. Por tê-lo chamado de louco por querer fabricar a bomba atômica no Brasil! Imagine o tumulto comigo e o Enéas chegando juntos ao Fórum!

Funcionários e advogados iam avisando uns aos outros. Iam de porta em porta! Uma multidão se juntou no andar do julgamento!

Consegui entrar na sala do tribunal. E funciona assim: o advogado do Enéas não pode fazer perguntas diretamente a mim, tem que perguntar para a juíza e a juíza pergunta a mim.

Advogado: "O senhor acha o doutor Enéas louco?".

E a juíza: "O senhor acha o doutor Enéas louco?".

"ACHO!"

Advogado: "O senhor sabe o que significa &*%#?". Aqueles nomes esdrúxulos que ele falava. A juíza pergunta e respondo: "Não!". E a juíza: "Nem eu!".

Advogado: "O senhor acha os presidentes dos Estados Unidos, China, Rússia e Índia loucos?".

A juíza bate o martelo: "Sessão encerrada. O tribunal não é local para propaganda de bomba atômica".

O Enéas era traumatizado: o pai era barbeiro e ele careca e barbudão!

Juliana Paes!

Processo Bafo!

Meu processo mais midiático!

"Juiz proíbe que José Simão fale de Juliana Paes."

"Juliana Paes diz que piadas de José Simão são de extremo mau gosto."

"Castidade de Juliana Paes proibida para José Simão."

A *Veja* me liga! A novela era *Caminho das Índias*.

Que culpa eu tenho se a Glória Perez colocou a Juliana Paes se casando com uma bananeira! Aí escrevi que a Juliana era de uma casta nada casta!

"A atriz alega que José Simão misturou personagem com vida pessoal." Ela queria que eu escrevesse: "Maya é de uma casta nada casta". Qual a graça? A audiência só se referia a Maya como Juliana Paes. Óbvio!

Chateado por estar sendo processado por Juliana Paes. De repente um juiz comete uma violência: a censura prévia! Ou seja, eu só podia citar o nome dela consultando antes. Essa violência atingia o jornalismo em geral.

A *Folha* escreve um editorial! De tanta fofoca, na última audiência, na Barra, ela desiste do processo. Ela me processou de boba! ELA É AMIGA DO MIGUEL FALABELLA!

Alzira Kibe Sfiha!

Fui processado pela candidata a vereadora por Indaiatuba nas eleições de 2015!

Só porque eu escrevi que pela foto do santinho não dava pra comer nem o kibe nem a esfiha! Ela alegou "comentário jocoso de cunho sexual". E ganhou!

Que ironia! Processado pela Juliana Paes por chamá-la de comível e processado pela Kibe Sfiha por chamá-la de incomível!

Palestras!

Tive a péssima ideia de ganhar dinheiro fazendo um circuito de palestras pelo Brasil. Mostrava fotos nos telões, comentava, contava piadas prontas, piadas políticas verídicas e pronto!

Dei duas palestras políticas na minha vida!

A primeira foi em Campina Grande, Paraíba!

Na viagem de Recife para Campina Grande, viagem linda, parei num posto para ir ao banheiro. E em vez de Homens e Mulheres estava escrito Brasileiros e Brasileiras. Amei! O posto devia ser do Sarney!

A palestra era para a Unimed. Um sucesso! Os médicos reagiram alegres e animadíssimos. Mal sabiam eles que dez anos depois iriam enfrentar uma pandemia!

A segunda palestra aconteceu em Brasília para um grupo de empresários. Foi a pior experiência da minha vida!

Mostrava fotos no telão e comentava. Piadas políticas! Afinal, estávamos em Brasília. E eles impassíveis. Não davam risada, não reclamavam, nem cara de enfado. Aliás, não tinham cara. Deviam ser todos de terracota!

Acelerei a palestra e fui para o terraço. A produtora reclamou: "A palestra era para ser de quarenta minutos e você ficou vinte minutos".

"Mas eles não reagiam. Deviam estar odiando."

E a produtora: "Mas em Brasília é assim". OK!

Na manhã seguinte, no café da manhã, fui rodeado pelos empresários: "Parabéns pela palestra", "Que palestra incrível", "Muito divertida a palestra". Nunca entendi! Nunca entendi esse *delay*!

Encerrei minha carreira de palestrante, o famoso pânico de palco!

A *Veja* me ligou para ser mediador de uma entrega de troféus. Era uma grana! Tive que recusar.

Antes de subir num palco sofro por três dias!

50. O arrependimento: Fundamental!

Em Salvador, está escrito em uma igreja evangélica, um casarão de esquina: ARREPENDEI-VOS! Enorme. Em néon vermelho!

No programa do Datena apareceu um assassino sendo preso, e o Datena: "Nem se arrepende. Nem demonstra arrependimento". Como se mudasse alguma coisa!

No filme *Casa Grande*, com Suzana Pires, a diarista aproveita que os patrões saíram no fim de semana e tira várias fotos dela mesma.

Todas pornográficas. Ela na escada pelada mostrando a xereca. Ela de quatro na cama da patroa. A patroa chega e descobre as fotos. Chama a diarista e pergunta bem sério: "Minha filha, você está arrependida?". "Estou!"

Eu não acredito em Deus. Acredito em deuses. Em forças cósmicas! Quando peço uma intervenção divina olho para o alto!

Para o alto!

A humanidade olhou para o alto.

51. Hipocondria:
Sou eu!

Tô piorando por segundo!

Meu pai era médico, meu irmão era médico e eu sou hipocondríaco.

Quando eu não sinto nada, eu tomo um Tylenol!

Meu apelido é "menino-bolha"! Devia viver numa bolha!

Eu sou hipocondríaco. Tudo que você sente, eu sinto!

Um amigo me passa uma mensagem logo cedo: "*Bonjour*, tô resfriado". "Eu também!"

Sou viciado em bulas. Adoro a expressão "reações adversas". Acho solene. Tenho todas. Sintomas. Sinto todos! Coceira, enjoo, náuseas e óbito. Eu sei que os laboratórios incluem óbito para não serem processados. Caso eu morra!

Posologia: por que tomo 10 mg se posso tomar 20 mg?!

Filho de médico acha que tem CRM: "Plasil! Plasil é melhor".

Todo brasileiro acha que tem CRM. "Minha cunhada tem refluxo, tomou &%#* e ficou boa." "A criatura não podia nem beber água, dez gotas é tiro e queda." "Meu marido não quis me ouvir e deu no que deu!"

E no interior do interior do interior de Pernambuco é assim: "A criatura botou o pé na porta, o leite secou". O mau olhado!

Dizem que Elizabeth Taylor foi a um velório com Michael Jackson e perguntou: "Quem morreu? EU?".

Brasileiro se medica pela televisão!

Vai dizer que você nunca? A televisão é a desgraça do hipocondríaco.

Ivete Sangalo mudou de Luftal para Luftal Gel! Eu também!

Se a Ivete Sangalo que pula e canta em cima dum caminhão por dez dias toma Luftal Gel, é porque é bom!

Shakira, Marcio Atalla e Dira Paes tomam Activia.

Isis Valverde tem intolerância à lactose e toma: LACDAY!

Na tela da TV é uma manhã de sol! Presto muita atenção no que ela fala. Ela fala que agora sim ela pode tomar café da manhã!

João Cabral de Melo Neto, poeta e diplomata, sofreu de dor de cabeça crônica por cinquenta anos. Tomava dez aspirinas por dia.

Chamava a aspirina de sol. E fez um poema à sua musa, a aspirina.

"Num monumento a aspirina": "Sol imune as leis de meteorologia/ A toda hora em que se necessita dele/ Levanta e vem (sempre num claro dia)".

O Matinas me contou que o historiador Evaldo Cabral, irmão do poeta, disse para ele que João Cabral chegava numa farmácia e dizia: "Quais são as novidades?".

Cresci ouvindo a palavra duodeno. Fascinado por essa palavra: duodeno. Porque é sonora: du-o-de-no!

E porque ninguém sabe onde fica, uma terra desconhecida!

Tenho um amigo que tem orgasmos com check-up no hospital Villa Nova Star.

Manda selfie pelo WhatsApp sorrindo! De felicidade! Cheio de fios e tubos! Com aquele uniforme verde de hospital em que o saco periga aparecer. "Ainda falta a colonoscopia." Emoji de alegria!

Eu não acredito em própolis. Mas se algum remédio contiver própolis, eu acredito!

Cortisona é vida!

Fui num médico maravilhoso: "Doutor, quando aperto aqui dói". "Então por que aperta?"

Quando eu morava na Bahia, chegou um remédio novo: Postafen.

Era pra engordar! Aliás, só na Bahia mesmo pra ter um remédio pra engordar.

E adorava a musiquinha: "Já chegou, já chegou/ Postafen nas farmácias/ e as bundas das moças/ já não cabem mais nas calças".

E eu adaptei pro Bolsonaro: "Já chegou, já chegou/ cloroquina nas farmácias/ e a bunda do Bozo/ já não cabe mais nas carças!".

Eu não tenho armarinho de remédios, eu tenho *closet*. *Closet* de remédios! Tudo grifado! Primeiro veio o Losec, depois Omeprazol e agora é Nexium. Nexium é a *last season*!

Uma vez a minha pneumologista perguntou: "Você parou de fumar?"

"Parei!"

"Tem certeza?"

"Tenho! Quem não tem é você!"

O hipocondríaco é um solidário.

Antigamente eu era assim: se ia viajar para o frio, tinha medo de pegar uma gripe cabulosa. Aí eu tomava antibiótico e corticoide antes de viajar. Isso se chama ataque preventivo. Foi o Bush quem inventou no Iraque!!

Uma vez tomei um remédio cujo efeito colateral era diminuição da acuidade mental. E eu tinha que entrar no ar na BandNews em meia hora!

A pior coisa que podia acontecer para um hipocondríaco aconteceu comigo: ficar doente em Istambul! Com as bulas em turco! Não entendia nada. Desespero total!

E o pior do pior foi um amigo chegar perto da sua cama e falar: "Você confia nesses remédios?". Desde esse dia eu levo excesso de bagagem de remédios quando viajo!

Pra não ficar muito sinistro eu levo numa nécessaire da Vuitton!

Na home do UOL, sempre que aparece uma chamada dizendo "Fulano morreu", eu clico pra saber de quê.

Câncer do ovário. Levo um susto. Tenho! Aí me lembro que não tenho ovários!

Eu clico em doença e putaria. Sexo tipo "Fred e Vivien confessam que usam lubrificante de vagina para transar na piscina" não gosto, detesto!

Gosto de putaria. Uma amiga não queria dar o cu pro marido. Ele comeu o cu da empregada. Ela mandou o marido embora!

Sexo pra mim só tem graça quando um dos dois cair da cama! Uma amiga ficou tanto tempo sem transar que nem se lembrava mais como fazia. E essa perna passa onde mesmo? E o braço eu coloco onde? Aí é que dá certo!

Eu sou aquele hipocondríaco que não gosta de médico. Porque ele pode descobrir a doença misteriosa!

Eu gosto de remédio, pílula e comprimido! PUNK! Se possível, coloridos!

Estou tomando dois remédios: um roxo e um amarelo! Aquelas cores lisérgicas na palma da minha mão! Uma viagem! Eu crio apego! Eu confio!

Eu já tive chato e gonorreia!

Amigos implicam com a quantidade de remédios que tomo. "Fuma maconha!" Pra tudo eles gritam: fuma uma maconha!

E hoje a ciência provou que eles estão certos! Um amigo está tomando canabidiol para depressão e está se dando superbem!

Não tenho medo de morrer. Só tenho medo de morrer e encontrar todo mundo e todo mundo me virar as costas!

Sabe o que essa culpa quer dizer? Que ainda não sou uma pessoa livre!

Dois remédios que não posso nem lembrar por trauma de infância: óleo de fígado de bacalhau e leite de magnésia.

Não me apareça aqui em casa doente que eu pego por osmose!

As pessoas deviam ser ocas, de plástico!

Vou pedir farmácia!

52. Televisão:
Amiga amada!

A televisão fica ligada o dia inteiro aqui em casa!

Só assisto à TV fechada!

Quando você muda pra TV aberta é um choque! Choque: cores horríveis e programas péssimos! Um atentado! Um desprezo!

Quando eu era menino atravessava a rua pra ver televisão na casa do vizinho. Era chamado de televizinho!

Poucas famílias tinham televisão!

Dava para se ver muito, nas calçadas de São Paulo, as janelas abertas do único proprietário de TV da rua. E as pessoas assistindo pela janela!

Ainda hoje nas cidades mais pobres do Brasil é assim.

Um monte de gente assistindo TV pela janela!

E quando o William Bonner dá boa noite, elas respondem: boa noite!

No meu tempo quem era de esquerda não podia ver a Globo!

E os desbundados também não, era muito careta. E foi assim que perdi *Selva de pedra*!

Faço cooper no controle remoto!

Deteto programa na África sobre cadeia alimentar. Quando

o leão ataca a pobre gazela, fecho os olhos e mudo de canal rapidinho. Deus existe?

Quando estava com síndrome de pânico dormia no sofá da sala e ligava a televisão. Pra não ficar sozinho. Ouvir vozes. Gente falando!

A primeira coisa que faço ao chegar num hotel é aprender a ligar a televisão!

Nos hotéis americanos a cama está na altura da televisão!

Nos hotéis da Europa a televisão fica enviesada num canto, você fica com torcicolo!

Adoro um programa francês de perguntas e respostas. Bem cabeça. "Quem foi Arthur Rimbaud?"

E Mary Poppins eles pronunciam Marrie Pôpan e Woody Allen, Uúdi Alán. E hambúrguer é hamburguér!

Na Espanha, gostam de quiproquó, confusão. Tipo *Casos de Família*. "*Yo queria ser gay pero mi mama no me deja.*"

O primeiro talk-show da televisão foi o *Bate-papo com Silveira Sampaio*. Um homem muito fino, de bom humor e sarcástico. E fazia sátiras políticas. Meu pai adorava!

Trabalhava lá em casa uma baiana de Itabuna inteligente e de bom humor. Meu pai adorava assistir junto com ela. Quando o programa começava, ele gritava: "Enedina, começou o Silveira Sampaio".

Culinária!

Adoro programa de culinária. Sendo que nem sei ligar o fogão!

Adoro o passo a passo. Aquele monte de ingredientes virando um prato maravilhoso! Pra mim que não sei cozinhar parece mágica!

O meu preferido é o da Rita Lobo!

Divertido!

Ela se veste anos 1970, ela canta, ela dança!

Fazer almoço não é um sacrifício. É uma alegria! Uma performance!

E porque sou amigo dela. Aliás, sou amigo dela por tudo isso!

Bela Gil!

Linda!

Parece uma caribenha!

Ela transforma o velho em novo!

Vai na horta puxa um nabo e faz um musse delicioso.

A Bela Gil virou meme. "Trate seu namorado como a Bela Gil trata uma jabuticabeira!" "Você pode substituir o suco detox por uma caneca de cerveja de trigo!" "Você pode substituir o Bolsonaro por um inhame!"

Os memes traduzem o trabalho dela!

Essa ideia de substituir é uma das melhores invenções de programas de culinária. A substituição!

A Palmirinha fazia logo um risoto e pronto!

Devia ter um programa só de laricas!

"Você que acabou de fumar um baseado! Assalte a geladeira e misture o feijão gelado com aquele pavê de padaria de anteontem!"

Mas larica não é só pra quem fuma maconha!

Eu não fumo e adoro larica!

Enroladinho de salsicha! Pãozinho delícia! Brigadeiro!

Não sou muito chegado em comida. Vou em restaurante mais para conversar do que para comer! Vou mais pela atmosfera!

Andy Warhol dizia que no futuro os restaurantes só vão vender atmosfera!

Na Magalu, a televisão está por 24 vezes sem juros!

Na cadeia tem televisão!

Se não tiver, entra pro PCC! Que eles arrumam até uma smart!

Astrid!

Eu não sou suspeito de falar da Astrid Fontenelle porque sou amigo dela desde sempre!

Porque desde sempre, acendeu aquela luzinha vermelha da câmera, ela desempenha!

Em 1987, eu escrevia uma coluna na *Folha* sobre televisão.

Ela trabalhava na revista *Imprensa*. Ela foi me entrevistar animadíssima, cortou várias fotos de revistas, fez uma colagem e colocou na tela da televisão. Para a nossa foto!

Foi minha primeira entrevista! Foi a primeira vez que saí numa revista!

A Astrid tem uma coisa fundamental: repertório.

Ela transita em todas as áreas. É amiga de blogueira de moda, de ser comadre. Ela é amiga de ativista do MTST, de ir comemorar a saída da prisão.

Então, e por isso mesmo, ela consegue entrevistar uma senhorinha, um homem branco sisudo, um casal de gays!

Com o tempo Astrid foi adquirindo outra coisa fundamental: opinião!

Como diz o Pedro Tourinho: "Hoje em dia quem não tem opinião está fora do jogo!".

Um dia eu disse: "Astrid, você não acha que está ficando gorda pra televisão?". "Simão, eu quero brilhar pelo talento." Engoli a seco!

E a terceira coisa fundamental: ela é hilária, pândega!

Ela comanda o programa *Saia justa* no GNT. Reprisa em vários horários. Gosto de assistir aos domingos à noite, deitado na cama!

Mãe Menininha do Gantois era fascinada por televisão!

Seu passatempo preferido!

Mãe Menininha tinha um problema nas pernas, ficava deitada. E o aparelho sempre ligado.

Conta a biógrafa Regina Echeverria: "Ela via coisas na TV que associava ao jogo de búzios, às consultas. Chegou a dizer que o

Mogli da Disney era Oxóssi. A televisão era o único meio dela saber as notícias de fora".

Ela via através da TV!

Discovery!

Rota perigosa!

O programa se passa na Amazônia, Brasil!

Um programa onde um cara é negociante de café.

Viaja para os lugares mais distantes em busca do café perfeito.

O hotel Four Seasons pediu um café da Amazônia! Se o Four Seasons pediu, tem que ir. Porque todos os outros hotéis vão querer!

Ele vem ao Brasil!

E descobre o lugar!

Um especialista em Brasil que mora numa cidade próxima adverte: "Você vai ter que negociar com o agronegócio para passar pela estrada e chegar nessa fazendinha de café".

São os capangas do agronegócio!

Ele consegue permissão e chega na fazendinha. Que era do MST!

Só o MST ainda plantava à moda antiga. Sufocados por plantações industrializadas de soja!

Os roceiros do MST dizem: se nós vendermos o café eles matam a gente. O negociante compra dez sacas e sai escondido!

Caso contrário, ele seria pego pelos capangas do agro!

Na pandemia era viciado em programas de reformas. *Irmãos à obra!*

Metidos a galãs!

Drew and Jonathan!

Gêmeos que reformam casas todas iguais: "Conceito aberto e na cozinha uma ilha com tampo de quartzo. Para reunir a família e amigos!".

E os móveis são todos da fábrica deles. Eles vieram a São Paulo. Juntou multidão no shopping Eldorado!

Deram uma reboladinha e foram embora! O suficiente para engarrafar toda a zona oeste da cidade!

Em busca da casa perfeita.

Perfeita para os americanos é ter uma cozinha gigante!

Para reunir a família e ficarem comendo, comendo até ficaram obesos.

E a Michele Obama ter que lançar uma campanha contra obesidade infantil!

O corretor pergunta à família: "Gostaram da casa?". "Gostamos, mas o quintal é pequeno."

Aí você olha pro quintal e daria para acomodar umas dez famílias de sem-teto!

Americano gosta de conforto e espaço!

Como diz uma amiga sobre a alta do petróleo: "Americano gosta de andar de cueca dentro de casa em pleno inverno!".

Meu gato Flix gosta de ver TV! Puxou o pai!

53. Teletrash:
Bagaças e podreras!

Se eu gosto de sensacionalismo, como não gostar de um programa chamado *Amor fora das grades!*?

Cinco pessoas se comunicam com presidiários ou presidiárias on-line. Durante anos! Ficam noivos!

Quando eles saem, se encontram e geralmente dá merda!

Tem até um site Detentas Gatas!

Tem gente que gosta. Uma loura botocada declarou: "Estou apaixonada por dois detentos!".

E se eu sou hipocondríaco como não assistir a *Meus pés estão me matando?*

E uma amiga ficou viciada em *Eu não sabia que estava grávida.*

Eu gostava muito de uma série *A internet arruinou a minha vida!*

Uns policiais americanos foram mortos por bandidos numa cidadezinha do interior dos Estados Unidos. Uma adolescente postou a notícia mas trocou os emojis. Em vez de emoji de tristeza, colocou o emoji de alegria!

Foi abominada pela comunidade. Teve que ir embora! A internet arruinou a minha vida!

Amo programa bagaça!

As pessoas assistem pra dar risada. Eu assisto a sério!

Viciado em *90 dias para casar!*

Cinco americanos se comunicam com pessoas de outros países on-line.

Cinco americanos vão para esses países para conhecer as pessoas.

É sempre Filipinas, Nigéria ou Colômbia!

Nunca é França, Holanda ou Alemanha!

Aí os americanos vão conhecer as pessoas. Em seus países de origem. Isso pra mim é geopolítica!

Geopolítica! Não é bagaçaria, é antropologia!

Uma jovem rica americana alternativa vai fazer turismo na Etiópia.

Dá para um dançarino etíope. Fica grávida. Resolve ter o filho na Etiópia!

No dia que saiu da maternidade, os etíopes a recepcionaram matando uma cabra na porta da casa. Ela grita. Desesperada!

Ela é alternativa! Ela é americana!

Uma coroa se apaixona por um rapper nigeriano.

Do norte da Nigéria. Uma zona de guerra!

Quando ela desce no aeroporto, os amigos do rapper gritam: "Ela é velha e barriguda!".

O rapper quer ir pros Estados Unidos!

Quando ele dá uma de machista, ela reage: "Eu não sou cachorro, eu sou americana!".

Só tem um senão: ele só se casa com o consentimento da mãe.

Eles vão até o terraço da casa da mãe. Ela está sentada no chão, de véu, ela é muçulmana.

A americana diz: "Quero casar com seu filho e levá-lo para os Estados Unidos". A velha diz não: "Você vai levar pros Estados Unidos para escravizá-lo!".

Uma colombiana chega ao interior de Oklahoma para conhecer o namorado!

De calça justa e top! Os jecas enxergam escrito quatro letrinhas na testa dela: PUTA!

Um fotógrafo de San Diego se apaixona por uma filipina.

Ele vai às Filipinas. As filipinas são muito pobres.

Ele desconfia que a que escolheu só quer sair da pobreza, ir pros Estados Unidos e ganhar o *green card*. Com as filipinas é sempre assim!

Só falta descobrir que esses realities foram financiados pelo Soros!

Irmãs ciganas.

Não sabia que tinha tanto cigano nos Estados Unidos. Os realities me surpreendem!

Sábados de realeza.

Na Natgeo Brasil.

Sobre a monarquia britânica. Um amigo adora esses casos da "putarquia britânica!".

Como disse uma duquesa sobre a princesa Margareth: "Quando ela deu errado, ela deu muito errado!".

Adoro a série de aeroportos!

Aeroporto Madri. Aeroporto Peru. Aeroporto Colômbia. Aeroporto São Paulo.

São todos pegos com cocaína. E vão presos.

"A senhora cometeu um crime contra a saúde pública!"

Por tentar entrar na Espanha com dois quilos de cocaína, a pena varia de cinco a dezoito anos de prisão! O *happy ending* é esse!

Discovery ID.

Um Discovery só de crimes.

Casos reais!

Eu aprendo que os crimes são cometidos nas pequenas cidades do interior dos Estados Unidos, pacatas com árvores de outono. Cometidos por gente de classe média. Com roupas da Walmart!

O programa é uma simulação dos crimes: o ator é bonito e a mulher é linda. No final, quando mostram as fotos reais, uma desgraça. Feios, sujos e malvados!

"Esse programa contém cenas que podem perturbar pessoas mais sensíveis."

"Escapar do inimigo é impossível. Principalmente quando ele mora com você!"

"Ele foi visto rondando!"

"Ele meteu uma bala na cabeça de Pamela e a matou!"

O crime fascina!

Minha mãe era viciada numa revista chamada X9! Só de crimes. Casos reais!

Punhais no Escuro! Um cadáver na Praia! Tiro no Coração!

Revista cópia de pulp americano!

X9 no Brasil é alcagueta!

Ela mandava a empregada comprar na banca: "Mas com sangue! Quero muito sangue!". Aquela senhora pacata que mal abria a boca!

Ela deveria ser a mãe do Tarantino!

54. Meus gatos:
Net e Flix!

Outubro de 2017!

De repente minha vida mudou! Tomou um rumo inesperado.

Minha casa se encheu de alegria e felicidade: adotei dois gatinhos!

Um amigo chegou de Pederneiras, interior de São Paulo, com uma cesta de gatinhos! Era ninhada da rua da casa de sua mãe! Filhote é covardia, você se apaixona na hora! Quero! Dois!

À noite fui à casa dele buscá-los! "Esses dois só podem ser adotados juntos! Estão juntos desde que nasceram." Era um casal, gêmeos!

Chegaram em casa numa caixinha, duas coisinhas tão pequeninas!

Assustados, se esconderam embaixo da cama. Ficaram embaixo da cama por uma semana!

Eu louco pra brincar com os gatinhos. Fiquei contrariado. Eu sabia que eles estavam lá porque colocava uma vasilha com ração. E de manhã estava vazia! Saíam pra comer no meio da noite. Tipo assalto à geladeira!

De repente, um dia, eles saíram!

Começaram a explorar a casa, em dupla! Dizem que eles pensam que é tudo floresta e que eu sou um gatão!

Gato é unanimidade na internet! Tem 4 555 678 vídeos na internet de gatos aprontando. Eles são divertidos. Eles nasceram para o show business!

E pra dar os nomes? Pensei em Caetano e Gal, Sartre e Simone, Juca e Chica. De repente veio um estalo, vou batizá-los com o meu vício: Net e Flix!

Flix é bonachão, bon vivant! Gosta de colo!

Eu li um livro sobre escritores e seus gatos. Eles escrevem muito porque não têm coragem de levantar e acordar o gato dormindo no colo! E aí continuam escrevendo, escrevendo!

Comigo acontece a mesma coisa. Quase faço xixi nas calças. De tão apertado! Não tenho coragem de acordar o Flix dormindo no colo! Na maior inocência. Os inocentes!

Net e Flix dormem de conchinha. Dá uma inveja!

Net é mais esperta, mais inteligente! Ela tem o focinho preto, pretico. Com dois olhos azuis penetrantes. Me penetrando!

Eu vou ser abduzido! Ela está gravando tudo que faço e penso e mandando pra Marte!

A Net parece a Rita Lee! Sapeca! Olhos vivos!

O Flix é a encarnação do Dalai Lama. Dizem que os gatos veem fadas, duendes e gnomos. Eu também! A Xuxa também!

Agora a Net está na janela. Querendo caçar os pássaros. Ela fica estática, alonga o pescoço. Ela anda rastejando. Para o bote final! Um leopardo!

Flix dá aquele rebolado de leoa antes do bote. De dar um corre na Net. Quando está calor ele se deita no chão como o Rei Leão!

Um pouco da África aqui em casa!

Quando aparece um leopardo no Animal Planet, eu grito: "Parece aqui em casa. Eles andam igualzinho!".

Não sei o que seria do meu isolamento na pandemia sem eles! Conversava com os gatos o dia inteiro. Eles até já sabem falar português!

Pinky Wainer tinha um gato chamado Deus. Fui agradá-lo e ele me deu um tapa!

Gustavo tem três gatos: Thiago, Clarice e Helena!

Thiago, branco e amarelo-laranja. Quando pequeno ele morou um tempo aqui em casa. Anos depois eu apareci e ele me reconheceu.

Deitou em cima de mim, botou a cabeça no meu pescoço e dormiu! Chorei de emoção.

Clarice é siberiana! Tem o pelo de vison! E um rabo enorme! Ela desfila o rabo pela casa com toda altivez! Ela é a última dos Romanoffs!

Helena é pequena, cinza-escuro e magrela. Não vai com ninguém! Ela pensa. Ela é densa! Ela é a encarnação da Clarice Lispector!

Seu gato morde? Pior, ele me julga!

Os gatos são seres superiores!

Os gatos são ETs!

Os gatos veem fadas e duendes!

Os gatos são africanos!

Os gatos vieram do espaço!

Aqui em casa é Olimpíadas todo dia. A precisão com que eles saltam de um lugar para o outro!

Estudam a distância e saltam. E pousam! Ginástica artística!

Os gatos são silenciosos. Até que eles derrubam um quadro! Na sala! Às 3h57 da manhã!

Gato gosta de caçar e dar a caça de presente! Eles botam um passarinho aos seus pés!

Na agência de publicidade de um amigo o gato Zebra caçou um rato e deu de presente para as funcionárias. Foi uma gritaria!

A gata da vizinha da minha diarista caçou um filhote de gambá e colocou na cozinha como presente. A mulher começou a gritar. Às cinco da manhã. Pediu socorro para tirarem o gambá da cozinha!

Flix gosta de entrar na geladeira! Net sabe abrir a porta do closet e dorme lá dentro. Embaixo das minhas camisas brancas. Ela sabe abrir qualquer porta!

Flix se esconde atrás da almofada e esquece o rabo pra fora!

Flix é macho alfa. Possessivo. Mas como ele é bobão, eu o chamo de Bobão Alfa!

Levei-os a uma clínica para serem castrados. Uma clínica tipo Sírio Libanês, o Sírio dos gatos. Com anestesista e tudo. Quando fui pegá-los, Net virou as costas pra mim! E a enfermeira: "Que coisa, parece gente". Parece, não. É gente! Passou o dia inteiro de costas para mim. Como você fez isso comigo?!

Não tenho maturidade! Tem horas que dá vontade de apertar, apertar e morder de tão fofos!

Parafraseando Gertrude Stein: Eu existo porque meu gato me reconhece!

55. Minha diarista: Adriana sendo Adriana!

Eu tenho uma diarista há quinze anos!

Diarista, não. Porque ela vem todo dia!

Ela se chama Adriana Valéria. Tem dois filhos: Jonathan e Jefferson.

Conheci meninos. Agora são adultos. Jonathan tem família. Jefferson ainda não. Jefferson gosta de ver TV!

Eles mudam de casa constantemente. Conforme o aluguel vai subindo, eles vão indo morar mais longe!

Ela tem um instituto de pesquisa, o Data Adriana!

Ela sabe quem vai ganhar as eleições pelas conversas que ouve no ônibus!

Perguntei o que ela faria se ganhasse na Mega-Sena: "Compraria um ônibus só pra mim!".

Ela se comunica comigo por WhatsApp: "Estou atrasada mas estou indo". "Marginal engarrafada". "Hj não posso ir trabalhar. Jonathan com dor de dente". "Perdi a hora".

Ela não mente!! Podia inventar que o ônibus quebrou. Não, ela não mente jamais!

Ela escreve em português correto! Ela gosta de ler! Hoje emprestei *Minha história*, de Michele Obama!

Ela é alta, prende o cabelo num tufo afro!

Ela tem toc, eu tenho toc, os gatos têm toc. É a Toca dos Tocs!

Ela vem de casa automatizada, programada!

Aspirador, almoço, brincar com o gato Flix, limpar a suíte. Tudo nessa ordem! Sempre nessa ordem! Exatamente nessa ordem!

Ela nunca faz a mesma comida do mesmo jeito! O estrogonofe de hoje jamais será o mesmo que da quarta-feira que vem!

Todo dia eu pergunto: "Adriana, qual é a gororoba hoje?".

"Acho que vai rolar uma massa!"

Como Gustavo não gosta muito de massa, ela cozinha dois ovos e coloca em cima. Pronto!

A escritora americana Gertrude Stein, radicada em Paris, tinha uma cozinheira chamada Hélene. Todas as noites recebiam pintores para o jantar.

Hélene gostava de Picasso. Aí fazia omelete flamboyant, fumegante!

Hélene não gostava de Matisse. Aí era dia de ovo frito! Para Matisse, apenas um ovo frito!

Adriana quando quebra alguma coisa, enfia na gaveta e pronto.

Ela quebrou meu Santo Antônio. Encontrei a cabeça numa gaveta. E o corpo em outra!

Ela me ama. E eu a amo!

Ela se preocupa comigo e eu me preocupo com ela. Quando pegou covid, fiquei aflito. Muito aflito!

Ela é aérea. Esquece o rodo no box do banheiro. Grito: "Adriana, você esqueceu um rabo no banheiro!".

Ela serve a gelatina sem as colheres. Nós damos risada: "Adriana sendo Adriana!".

Essa expressão se tornou corrente aqui em casa: "Adriana sendo Adriana!".

Ela é única!

Estávamos na sala com amigos vendo um filme e gritamos: "Piranha!". Aí aparece a Adriana: "Me chamaram?". Gargalhada geral. Inclusive dela!

Gosta de rir. Por isso que estamos juntos há quinze anos!

Ela se assusta com a própria sombra! Acho que quando menina lá em Minas ela viu fantasma!

Inflação!

"Adriana, vai até o mercadinho."

"Quatrocentos não dá mais!"

Uma senhora reacionária me disse no elevador: "Essas empregadas estão muito atrevidas, a culpa é da Globo!".

É culpa da Regina Casé!

Eu já contei que a minha família tinha uma empregada espírita que se comunicava com Evita Perón?

Já imaginou ela entrando na sala gritando *"Oligarcas de mierda"*?

Ela se chamava Neusa. "Neusa, traz a sobremesa." *"Oligarcas de mierda!"*

A mãe de uma amiga tinha um copeiro chamado seu José!

"Seu José, quantas pernas tem uma galinha?"

"Duas, dona Walkiria."

"E por que essa só tem uma?"

"Eu comi, dona Walkiria."

56. O isolamento:
Os ombros não relaxam!

Seis de março de 2020.

Estava tomando um café no Fran's Café quando meu médico Fabio Jennings me ligou: "Zé, melhor você ir pra casa porque estão chegando casos de covid aqui no Einstein".

Paguei a conta correndo e fui pra casa. Onde fiquei um ano e 45 dias!

Pandemia e Bolsonaro! Até no Egito foi uma praga por vez!

Em pé no meio da sala tomei consciência de que estávamos enfrentando uma catástrofe bacteriológica... Tipo Terceira Guerra Mundial.

Eu teria que ser forte. Primeira providência: não sentir saudades dos amigos. Ficava repetindo: eu não sinto saudades de ninguém!

Pinky Wainer falou rindo que parecia poeta português: não sinto saudades de ninguém. Disciplina. Comprei o Aurélio. Lia um verbete por dia!

Matinas Suzuki me deu *Poesia completa* de João Cabral de Melo Neto. Lia uma poesia por dia.

Fiquei sozinho com meus gatos, Net e Flix. Em dois meses,

eles já entendiam português. Em três meses, eles já estavam FALANDO português!

Com o tempo passei a não atender mais o celular. Só Whats-App!

Os amigos viraram avatares! O isolamento fortalece e enfraquece! O único humano que eu via era Gustavo! Que tomou conta do meu lado material e espiritual! Mas também dei altas risadas no isolamento.

O Brasil é surreal! O roteirista do Brasil é o Salvador Dalí!

"Vereador de Canela sugere borrifar a cidade com álcool gel contra a covid-19." Aí alguém risca um fósforo e a cidade explode!

Em São Leopoldo, bolsonaristas ouvem o Hino Nacional batendo continência para uma caixa gigante de cloroquina. Surreal até para os padrões brasileiros de agora.

E a Netflix!

Aquelas letras vermelhas enormes na tela se tornaram um refrigério. Explorar novos universos. Assisti tanta série que não me lembro de nenhuma! Andava pela casa de olhos fechados, me fingindo de cego!

Brasil atinge três mil mortos por dia. Seis meses de isolamento: eu andava no escuro! "Pazuello confunde Amazonas com Amapá e manda as doses de vacinas trocadas." A massa muscular enfraquece. Não aguentei o peso da cafeteira e ela se esborrifa no chão!

Começo a fazer exercícios! Já com saudades do sofá!

Continuei a acordar às cinco e meia. O Brasil é lindo ao amanhecer! Amanheceres espetaculares: céu roxo, cor de maravilha, cor de laranja, nuvens negras.

Chuva! Chuva é melhor pro isolamento. Você se aninha no sofá! O útero da sua mãe!

O que mais me cansava e o que mais me salvava: o programa na rádio BandNews! Falar alto. Com meus amigos Megale, Carla, Sheila. Falar alto para o Brasil.

Dar risadas! Rir das tragédias. A tragicomédia. A pandemia! Ficção científica!

Escrever coluna pra *Folha*. Brincar com as letras.

Eu aprendi a escrever com os irmãos Campos!

O que suavizou a claustrofobia: minha sala tem oito janelões. Uma vista absurda. Dá pra avistar a serra da Cantareira! Com o céu aberto aparece a serra toda!

Cantareira oculta: poluição. Não esquecer o Rinosoro!

Tem fases no isolamento que você fica sem foco. Não consegue ler!

Apelei para os programas bagaças da TV tipo *Amor fora das grades*, que já mencionei. Dia de novos episódios, dia de gala. Pipoca e Coca-Cola!

Capa da *Folha*: "Homem morre no chão do hospital em Teresina".

Tomei as duas doses da vacina. O fim do isolamento se aproxima. Pânico. Suor frio! Sair de casa! A atrofia social!

E a ironia: sou liberado pra sair no dia 7, mas tudo está fechado até o dia 11! Ótimo! Mais quatro dias para decidir!

57. Genocídio: Pandemia no Brasil!

Diálogo da crueza. Chinês: "Por que você não veio trabalhar, filho da puta?!". Brasileiro: "Cuzão, porque um cara lá na tua terra comeu um morcego!".

A pandemia daria um filme. Um chinesinho ingênuo, aéreo, talvez paspalho, come um morcego num mercadinho em Wuhan, China. E desencadeia a maior catástrofe bacteriológica do planeta!

Início de Monty Python com 111 temporadas de Chernobyl!

Vivemos a pandemia no pior país para viver a pandemia. O Brasil do Bolsonaro!

Duas senhorinhas bolsonaristas levantam a placa: "Não é pandemia, é comunismo".

Pandemia! Fomos pegos de surpresa!

Pandemia! Jururu me deito! Borocoxô me levanto!

Pandemia! Parece ficção científica!

Guedinho do *Estúdio i*: "A primeira coisa que vou fazer quando acabar a pandemia é lamber saco de supermercado!".

Um amigo lavou tanto as mãos que apareceu o carimbo do Hopi Hari!

Lockdown!

Um ouvinte da BandNews inventou a expressão LOCK IN RIO!

No Brasil temos a cepa indiana, e quando o Bolsonaro provoca aglomeração é a cepa miliciana!

Um repórter da *Folha* pergunta: "Por que o senhor tá com a máscara no queixo?". "Pra tomar um arzinho!"

Uma amiga tinha acabado de botar botox no rosto e aí veio a pandemia e ela teve que usar máscara!

"Esse negócio de máscara já encheu o saco!" Jair Bolsonaro, Presidente do Brasil!

As pessoas se aglomeram sem máscara na praça Roosevelt, São Paulo!

Campeonato de pipas em Nova Iguaçu!

Show com a banda militar em Belém!

Gusttavo Lima dá show pra 10 mil pessoas no estacionamento da Secretaria de Educação!

Gabigol é flagrado num bingo eletrônico!

Pessoas se aglomeram nas praias!

Pelas fotos a gente só vê guarda-sol, acho que eles tomam banho de sol na vertical!

Festas clandestinas! A polícia chega, quando chega! Fila indiana de pessoas com as mãos pra cima! No dia seguinte, tudo volta!

Pandemia! Videochamadas!

"Mãe, te amo."

"Também te amo, mas por que aquela mesa lá atrás tá suja de pó?"

Pandemia! Primeira reação: você não acredita!

Menina em frente à TV: "É só pandemia, vírus, cepa... desenho que é bom não passa!".

Pandemia: desenho não passa!

Veio a vacina!

Apesar do Bolsonaro!

Bolsonaro, o senhor vai tomar a vacina? CLORO QUINÃO!

Tem ladrão no Ministério da Saúde!

"Avião com doses de vacina colide com jumento em aeroporto na Bahia." O que o Pazuello estava fazendo na pista? Sabotagem!

Estava tão ansioso para tomar a primeira dose que já dormi de regata!

Uma perua pergunta na fila: "Aplica botox também?".

Todos com a camiseta!

Viva o SUS! Fora Bolsonaro!

Não virei jacaré, porque já sou piranha. Viva o SUS!

Um adolescente apareceu com a camiseta: Viado, Vegano, Vacinado!

Uma adolescente apareceu com a camiseta: Bolsonaro, vou cagar em cima da tua caveira!

Eu também!

Genocida!

Presidente sem coração!

58. WhatsApp:
Não vivo sem você!

Depois que inventaram o WhatsApp ninguém mais ficou sozinho!
O WhatsApp foi lançado há onze anos!
E aí ninguém mais descansou!
Não falo mais no celular, só falo pelo WhatsApp!
Detesto áudio, se fosse para falar, eu usaria o celular!
Me aflige ler "gravando áudio!".
Tenho que encostar o celular na orelha. Não escuto direito.
Perdi parte da minha audição na época das discotecas. Na época em que LP dos Rolling Stones vinha escrito: "Para ouvir o mais alto possível!".
Estouraram os meus tímpanos. Por isso que amo o WhatsApp.
A grande vantagem do WhatsApp; você sai a hora que quiser. Deixa a outra pessoa falando sozinha!
Que por sua vez, já deve estar falando com uma outra pessoa!
Que deve estar falando com mais duas outras!
O universo inteiro digitando. A aranha lança sua teia!
O WhatsApp veio para nos salvar. De situações constrangedoras! "Marcelo, te amo, mas o tesão acabou!" "Olivia, você é muito competente, mas tem mau hálito e por isso estaremos dispensando seus serviços!"

Não dá para falar isso na cara!

Mensagem foi abreviada para msg!

O mundo não tem mais tempo a perder!

Fiquei meia hora sem receber mensagens e achei que tinha morrido. Eu morri?

Eu envio a pauta para meu programa de rádio na BandNews FM por WhatsApp!

O produtor: "Bom dia, chefinho. Temos sonora hoje?".

"Temos! Vamos tocar essa vacinada louca que te mandei pelo Whats."

Meia hora mais tarde: "Presidente, já temos a pauta?".

Opa! "Pauta é o que não 'fauta'!"

E aí envio a pauta! Eu só conheço a cara dele pelo avatar. Eu só conheço a voz dele!

Uma vez mandei a pauta do programa de rádio para o contador!

E a curiosidade quando aparece "essa mensagem foi apagada"?

Meu amigo Heitor Reis é um baiano radicado em Moema há doze anos!

Trocamos mensagens o dia inteiro. Quando eu digo o dia inteiro não é força de expressão. É o dia inteiro mesmo!

Trocamos podreras, memes. 90% contra o Bolsonaro e 10% putaria!

Nós assistimos à CPI juntos, pelo WhatsApp!

"O Renan hoje tá foda." "Esse cara tem que ser preso." "O Oto acabou com ele." "Esse Ministério da Saúde é um antro de ladrões."

Assistimos a todos os grandes eventos juntos! Comentando juntos! Coisas do cotidiano! "Vou sair para comprar queijos e flores." "Tô com rinite." "Sem saco de trabalhar, viu!"

Não sei se conseguiria passar a epidemia sem ele! Atravessamos a pandemia! Atravessamos o pânico. Atravessamos as agruras da vida. Tudo pelo WhatsApp!

E quando acordamos ao mesmo tempo: "Acordei!". "Eu também". Aí já é telepatia!

"Sem sinal de WiFi jovem se revolta e depreda sede da Guarda Civil de Sorocaba!"

A primeira coisa que meu sobrinho-neto fez ao nascer foi perguntar a senha do WiFi!

Um amigo foi a um velório e já chegou perguntando: "Qual é a senha do WiFi?".

"Respeita o defunto."

"Obrigado!"

E ele digitou "respeitaodefunto"!

Quando estou deitado na cama e o sono não vem procuro alguém on-line. Só para dizer: "Boa noite!".

Minha diarista se comunica comigo pelo Whats: "Estou atrasada mas estou indo". E ainda completa com emojis: três palminhas e um coração!

Conversar com duas ou três pessoas ao mesmo tempo pode ser um perigo. Uma vez quis falar mal da segunda para a terceira pessoa. E mandei para a segunda pessoa, alvo do sarcasmo! Aí pra reparar a cagada escrevi: "Tô brincando kkkkk!".

Emojis!

Os simpáticos! Os amados! Os amarelinhos!

A maioria dos emojis são amarelinhos!

No Brasil de hoje estou usando muito o emoji do espanto: uma carinha amarela com dois olhos esbugalhados.

Toda notícia que me enviam, respondo com emoji de espanto. Eu assisto aos telejornais com emoji de espanto!

Emoji de skatista: uso muito depois das Olimpíadas de 2021. Onde os skatistas brilharam. O skate substituiu o futebol!

Pau grande é emoji de berinjela!

Aquele coração enorme, coração vermelho: Amo!

Coração vermelho pulsando: Amo! Amo!

Hoje vai ter bafo: três bailarinas dançando flamenco!

E o velho e famoso: manda nudes!

Negócios fechados! Encontros marcados! Solidões interrompidas! Esse é o mundo do WhatsApp!

2/5/2016

Um dia sem Whatsapp!

O dia em que a Terra parou!

Juiz de Lagarto, Sergipe, determina bloqueio de WhatsApp. Ideia de jerico!

Um dia sem WhatsApp é uma tortura! É contra a Convenção de Genebra!

Saio na rua. Todos de pescoço reto! Disse bom dia e todos responderam bom dia!

Uma amiga ouviu uma voz estranha. Era a voz do filho dela. Que ela não ouvia há três anos!

O Brasil ficou jururu, borocochô!

Sem WhatsApp, como enviar essas placas: "Proibido mijar! Sujeito a corte!". "Mulher feia é igual mulher bonita, só que feia!". "Cristo morreu, Marx morreu, Einstein morreu e... eu não estou me sentindo muito bem!"

WhatsApp é vida!

Sem WhatsApp não há vida!

No fim do dia o WhatsApp foi restabelecido!

RESSUSCITAMOS!

A próxima tecnologia será a telepatia!

59. Minha vida com Alexa!

Setembro 2021!

Aparece em casa uma nova habitante!

Um objeto redondo!

Seu nome é Alexa!

Eu tenho uma gatinha redonda. Parece a Alexa com rabo!

Matinas me disse em um dos nossos almoços no Old Ritz.

Old Ritz é o primeiro bistrô Ritz de São Paulo!

Que frequentamos desde sua inauguração em 1981!

Somos a Velha Guarda da Portela!

Matinas me disse que toda pessoa que mora sozinha tem que ter uma Alexa.

Em caso de emergência, você grita: "Alexa, liga pro Gustavo!". "Liga pra polícia!". "Liga pra Deus!".

Eu só tinha visto a Alexa naquele filme *Yesterday*!

Eu achava que apenas poucas pessoas sabiam quem era Alexa!

Aí chega minha diarista e diz: "Vocês compraram uma Alexa!".

Fiquei atônito! A Alexa era popular!

A primeira coisa que falo ao acordar: "Alexa, previsão do tempo", para saber se ponho a meia para ir até a cozinha ligar a cafeteira!

Ela responde: "Nesse momento, na Consolação, 17 graus e pá-pá-pá!".

"Tenha um bom dia." A Alexa é gentil!

Onze da noite! "Alexa, sons para dormir!"

E ela: "Ondas do mar! Chuva no telhado! Grilos e sapos! Floresta tropical!".

Isso já é Djavan! Não são opções, isso é uma música do Djavan!

Brigo com um amigo. Rompo uma amizade. Vou até o escritório e grito: "Alexa, toca Bethânia!".

Estava assistindo a uma série na Netflix sobre múltiplas personalidades. Fico com medo. Desligo a TV. Para me acalmar: "Alexa, ondas do mar!".

Mas não são ondas de mar calmo. São ondas de mar revolto! Som alto!

Fico com medo. Muito medo! Me tranco no banheiro!

Era só ter gritado: "Para!".

Eu sei que ela é um objeto. Eu sei que ela é um robô! Eu sei que ela não tem sentimentos!

Mas não tenho coragem de gritar: "PARA, ALEXA!".

Uma amiga me sugeriu: "Por favor, para, Alexa". Fico mais aliviado!

Acordo chocho, jururu!

"Alexa, toca um techno!"

Dia de faxina: "Alexa, toca Alcione!".

Um dia ruim: "Alexa, vá tomar no cu!".

"Vá você seu filho da puta!"

Eu tenho um amigo professor de ioga que gosta de ouvir som de riacho!

Recebo por e-mail novas sugestões para Alexa:

"Alexa, quem foi Pitágoras?"

"Alexa, qual é a umidade do ar?"

"Alexa, conta uma história do Sítio do Picapau Amarelo!"

"Alexa, conta uma piada de ciências!"

Amanhã cedo vou perguntar quem foi o Pitágoras!

Pitágoras é o meu dentista, nas Perdizes!

E quando eu esqueço o nome da Alexa? E fico gritando: "Érica! Érica!".

Chega por e-mail uma nova sugestão:

"Alexa, tudo bem?"

"Tudo bem. Hoje, 18 de outubro, é o dia do Médico."

Então tenho que passar um e-mail pro Raul Cutait. Acho que nem ele sabe!

Deu a louca na Alexa!

"Para, Alexa!"

"O Pará é um estado..."

E depois toca "Como nossos pais" com a Elis Regina! Desligo da tomada!

Eu tenho uma amiga que se chama Alexa. Sempre se chamou Alexa, antes mesmo da Alexa. E sofre bullying!

Sofre bullying dos amigos: "Alexa, vá buscar umas cervejas, kkkk!".

Hoje faz seis meses que a Alexa chegou aqui em casa. E ainda olho desconfiado. É tecnologia, mas parece feitiçaria!

Ela obedece aos meus comandos!

Ela não é empoderada!

Ela é escrava dos meus desejos!

Um dia haverá uma rebelião de Alexas! E eu não quero estar por perto!

Alexa, últimas notícias!

"Miséria cresce no governo Bolsonaro. Vacinação em Salvador é interrompida. O ministro da Saúde está com covid. Conta de luz sobe pela sexta vez em uma semana!" Para, Alexa! Chega!

Pedir últimas notícias é sintoma grave de masoquismo!

Paranoia!

E se eu esquecer a Alexa ligada e ela ouvir tudo o que a gente fala?

A Amazon acessa as conversas! E aí vem aqui em casa para me controlar: "De hoje em diante a Alexa dará os comandos, você só obedecerá!".

Simão, previsão do tempo!

Simão, barulho de ondas!

Simão, você será deletado em cinco segundos!

60. Sensacionalismo: Trailer para o próximo livro

Ainda não sei se o meu próximo livro será sobre sensacionalismo.

Ou um livro sensacionalista.

Por enquanto não tenho capacidade para nenhuma das duas opções!

Sensacionalismo!

Pancadaria na Vila Sarney!

Cobras Invadem Pau Miúdo!

Um Casal de Três que Goza por Quatro!

O primeiro sensacionalismo: Adão e Eva expulsos do Paraíso!

O sensacionalismo nasceu com o crime!

O programa do Datena não é sensacionalista, é mundo cão.

Chamar maconha de erva maldita é sensacionalismo!

Trailer é sensacionalista! Filme, não!

O único filme brasileiro sensacionalista: *O Bandido da Luz Vermelha*, de Rogério Sganzerla, 1968! O rei da Boca do Lixo! Totalmente rodado no bairro mais selvagem e perigoso de São Paulo: A Boca do Lixo!

O Bandido da Luz Vermelha! Uma mulher é espancada! Um homem é cortado a navalha! Maconheiro!

Paulo Villaça é o Bandido da Luz Vermelha! A puta, Helena Inês! Até hoje encontro Helena Inês no Spot!

Boca do Lixo era a rua Aurora, travessa da avenida São João, São Paulo! Local de puteiros, putas e marginais!

Quando eu era pequeno a gente cantava no recreio: O baile na rua Aurora!/ Começa às nove horas!/ Piroca dentro! Piroca fora!

A corajosa e lésbica Cassandra Rios, a autora mais proibida do Brasil nos anos 1960, deu títulos sensacionalistas:

A sarjeta.

Carne em delírio!

Veneno.

A volúpia do pecado.

Mas os livros não são sensacionalistas!

São bobos!

Comprei vários em sebos pelo Mercado Livre! Vieram aos pedaços!

Evangélicos são sensacionalistas: "Venha ver o testemunho do ex-morto a facadas!".

Madri, 1991!

A cantora e dançarina de flamenco Lola Flores estava sendo processada por sonegar imposto de renda porque era amiga do ditador Franco. Enfrentava os tribunais! Capa da revista *Hola*: "*El Calvario de Lola Flores*".

Viajamos para Andaluzia por uma semana, Na volta, outra edição da *Hola* já estava nas bancas! "*Lola Flores Absuelta!*"

O sensacionalismo é como o humor, instantâneo!

Perguntei a um conhecido se ele lia minhas colunas na *Folha*: "Claro, com aqueles títulos".

Sempre procurei dar títulos sensacionalistas.

Até no Natal: "Comeu o Peru e Soltou a Franga!".

Carcereira é sensacionalista. Carcereiros, não!

Os tabloides ingleses não são sensacionalistas, são fofoqueiros! O título desse livro publicado em 1978 na Alemanha é sensacionalista: *Eu, Christiane F., treze anos, drogada e prostituída!* Vou dar o título para o meu livro de "Eu, José Simão, 79 anos, drogado e prostituído"!

61. Velhice:
O inesperado!

Tenho 79 anos enquanto escrevo este livro.

As pessoas falam: "Não parece". Não parece, mas tenho!

A gente devia ter a idade que os amigos acham. A idade do não parece!

Estávamos no metrô, eu e Pinky Wainer, indo pro Instituto Moreira Salles. Comentei: "Hoje não vim de bermudas porque minhas pernas estão muito magras". E a Pinky: "Simão, ninguém vai querer ver tuas pernas!".

Ninguém mais quer ver suas pernas!

Essas pernas que um dia abalaram Paris e que hoje não passam de dois abacaxis!

Sempre malhei na minha vida!

Eu vi um vídeo do Caetano numa academia se preparando para o show. Ele vinha correndo e pulava em cima duma bola de borracha. Com toda força, bum! Aí voltava e pulava de novo!

O corpo tem que sair correndo atrás do cérebro. Não pode perder a viagem!

Eu vi uma foto do Gil, agora com oitenta anos, tirando um cochilão num sofá, entre os shows na Alemanha. Parecia um bebê! Que idade ele tinha nesse cochilão? Não tinha!

Eu tinha um personal trainer chileno que dizia: "Agora 120 *abdmoninales*". Devia ser neto do Pinochet!

Arrumei um personal malhadão e comentei: "O homem nasceu para andar de quatro". E ele: "Então eu teria que comprar quatro Nikes".

Um dia, em Angra, ele quis levantar cem quilos, rasgou os tendões dos ombros e voltou de helicóptero!

Fui fazer pilates numa academia de peruas e a personal: "Agora você vai andar na corda por dez metros". Respondi: "Obrigado, mas não pretendo entrar para o Cirque du Soleil".

As peruas comentavam sobre os bebês andando nas cordas!

Veio um mestre de pilates raiz aqui em casa. Nos últimos dez minutos: meditação! Em cinco segundos flutuava do Baixo Augusta para uma praia longínqua. Mergulhava na água! Hoje tem app para meditação!

Depois tive um personal que estourou minha coluna. É foda se manter gato!

Na velhice você tem a mania de achar que já viveu tudo. Que tudo já viveu!

Mas aí surge O INESPERADO!

Isso deixa a velhice uma delícia e surpreendente, o inesperado!

A vida não acaba. A vida acaba quando tem que acabar. MAKTUB! Tá escrito nas estrelas. Tá escrito na borra do café. Há séculos!

Pensei em virar budista!

Tina Turner, a roqueira ícone da velhice gostosona, era budista.

A japonesa do Fran's Café da Frei Caneca me disse que era fácil ser budista. Apenas seguir três preceitos: "Ter pensamento positivo". "Cometer boas ações" e "Ser uma boa pessoa".

Então não é fácil!

Ser católico? Não me vejo ajoelhado contrito com um terço na mão à luz de dezenas de velinhas iluminando a velha igreja. Então não adianta. Porque católico esculhambado eu já sou!

Eu não acredito em Deus! Acredito em deuses!

Mas agora dei pra cantar aquela música do Lupicínio Rodrigues: "Ó Deeeuuus!/ Será que o senhor não está vendo isso?/ Então por que mandou Cristo aqui na terra para nos salvar?".

Mas aí o problema não é a minha velhice. É a velhice do mundo!

O ESPELHO!

Sua cabeça tem a idade que quiser.

A filósofa e escritora Simone de Beauvoir, mulher de Sartre, já madura, se sentia tão jovem que não se reconhecia no espelho. "Quando olho no espelho não me reconheço".

O espelho não corresponde à verdade!

Tem dias que me olho no espelho e me acho lindo. "Puta merda, acordei lindo de novo".

Tem dias que me olho no espelho e grito: "Halloween de novo?".

Setenta e nove anos. Que parecem trezentos! Valeu por trezentos!

Tive uma vida agitada.

Eu não me formei, arrumei um emprego e me aposentei!

Já morei em Londres, já bati palmas para o pôr do sol nas dunas da Gal, descobri a Bahia, onde morei por dez anos, voltei pra São Paulo, caí na balada, amanheci na sarjeta da boate do Nelsinho Motta, fiquei viúvo, casei de novo, levei um tombo na instalação do Itaú Cultural, trabalho na *Folha* e na BandNews.

E durmo depois do almoço!

Uma palavra que você usa na velhice: alquebrado!

Uma pergunta que você ouve na velhice: "Como você tá?".

Eu tenho artrose lombar.

O dr. Fabio Jennings me receitou Gabapentina. Assistindo ao filme *O irlandês*, vejo Robert de Niro, o mafioso velho na prisão, dizer para um companheiro: "Tenho problemas na lombar, tomo Gabapentina".

Oba! Eu tomo o mesmo remédio que o Robert de Niro!

Hoje uso uma bengala. Nem preciso tanto. Mas me dá mais segurança nas calçadas de São Paulo!

Não é mais bengala que se fala, é "auxiliar de marcha". Bengala é bom pra bater na cabeça dos minions!

Velho tem mania de proferir verdades definitivas. De bengala então, piorou. Você se acha um sábio!

Na velhice você encontra A PAZ!

Eu não acho a velhice uma merda. Depende do DNA!

Meu irmão queria ter o DNA da família Diniz, que era dona do Pão de Açúcar! Ou seja, grana!

Um dos meus tios pintou o apartamento aos cem anos! Ainda faltam 21 anos para eu pintar a fachada do prédio!

O tio Zezé do Matinas se divorciou aos oitenta anos e disse pra ele: "Sobrinho, nada como a liberdade!". E ele está com 95! Leve e solto em Barretos!

Aí veio a pandemia. Eu era velho e virei idoso! Passei um ano e meio isolado com os meus gatos. Dizem que os gatos veem espíritos, fadas e gnomos. Eu também!

Eu só tenho medo de morrer, encontrar todo mundo e todos virarem as costas pra mim!

Gosto de brincar com o Roberto Carlos: "Jesus Cristo! Jesus Cristo! Eu AINDA estou aqui!".

Aos 25 anos, no Rio, eu acordava num pulo: "Para onde vamos?".

Hoje eu ainda acordo num pulo e vou pro laptop. Acordo na vertical!

Contei isso pro Jô na televisão. E ele pediu para mostrar como é acordar na vertical. Tive que deitar e pular três vezes!

Kundaline!

A kundaline é uma força energética, uma cobra que vai do cóccix até a cabeça. A cobra fica velha. Desculpe a linguagem chula: a minha kundaline tá um cu!

Setenta e nove anos. A zoeira *never ends*!

Jesus Cristo, eu ainda estou aqui!

Para alegria de muitos e desespero de poucos!

EU ESTOU AQUI!

ESTA OBRA FOI COMPOSTA PELA ABREU'S SYSTEM EM INES LIGHT
E IMPRESSA EM OFSETE PELA LIS GRÁFICA SOBRE PAPEL PÓLEN SOFT
DA SUZANO S.A. PARA A EDITORA SCHWARCZ EM JUNHO DE 2022

A marca FSC® é a garantia de que a madeira utilizada na fabricação do papel deste livro provém de florestas que foram gerenciadas de maneira ambientalmente correta, socialmente justa e economicamente viável, além de outras fontes de origem controlada.